KATI GEHRES

DAS GEHEIMNIS WEIBLICHER MANIFESTATION

Entdecke deine innere Schöpfungskraft als Schlüssel zur Verwirklichung deiner Träume

inkl. Quick-Fixes für leichteres Manifestieren

Lektorat und Korrektorat: Verlagshaus Stopfer

Covergestaltung: Nina Heiden

Layout: Nina Heiden

ISBN Taschenbuch: 978-3-910258-49-5

ISBN Hardcover: 978-3-910258-50-1

ISBN eBook: 978-3-910258-51-8

Inhaltsverzeichnis

DISCLAIMER

Dieses Manifestations-Buch geht tief, da kraftvolles Manifestieren die Heilung deiner tiefsten Verletzungen erfordert. Daher sprechen wir hier auch tief traumatische Erlebnisse wie Missbrauch, Fehlgeburt oder Abtreibung an.

Die verborgene Manifestationskraft deines Körpertempels

In diesem Buch wirst du das Manifestieren aus einem ganz neuen Blickwinkel kennenlernen. Aus der Sicht der Schöpfung und deiner Seele. Denn deine Manifestationskraft ist eine dir angeborene Superkraft. Du musst sie nicht lernen, du musst sie nur freilegen und bewusst nutzen.

Du wirst lernen, wie du manifestierst und was du tun musst, damit deine Manifestationen schneller wahr werden. Tatsächlich manifestierst du schon tagtäglich und in jeder Sekunde deines Lebens, aber unbewusst. Manifestieren ist uns angeboren. So wie du mit den Wimpern zwinkerst, schluckst und atmest, genauso manifestierst du mit jedem Atemzug. Ganz ohne darüber nachzudenken.

Denn so funktioniert das wahre Manifestieren. Es ist keine Anstrengung, kein Zauberwerk und auch kein aktives Tun. Es ist das bewusste Fließen lassen deiner Lebenskraft, deines Chi, deiner Kundalinienergie oder schlichtweg deiner Manifestationskraft.

Wenn du lernst, aus dem Weg zu gehen und deine Manifestationskraft nicht mehr zu blockieren, dann erschaffst du dir ein Leben im Flow: Du manifestierst deine Träume leicht und schnell, bist entspannt und merkst gar nicht mehr, dass du manifestierst, weil es keine Anstrengung mehr ist.

Deine Manifestationskraft entspringt in deinem Schoßraum. Sie ist eine Ausdrucksform deiner Lebenskraft. Du manifestierst mit jedem Atemzug und jede deiner Manifestationen wird in deinem Schoßraum geboren.

Doch allzu oft kann die Manifestationskraft nicht fließen, weil sie meist noch im Schoßraum blockiert wird. Wir haben die Verbindung zum Schoßraum verloren, empfinden die Mondzeit (unsere Menstruation) als nervig und leben unsere Weiblichkeit und Sexualität nur in einer stark gedämpften Form aus. All das spiegelt sich in unseren Manifestationen wider.

Ahnst du schon, was es zu heilen gilt? Deine Weiblichkeit, deine Liebesbeziehungen und vor allem natürlich auch die Beziehung zu dir selbst, denn diese spiegeln sich im Umgang mit deiner Mondzeit wider. Die Belohnung dieser Heilung ist das kraftvolle Erschaffen deiner Manifestationen und ein starker Schoßraum, der dir hilft, deine Träume zu verfolgen.

Wenn deine Manifestationskraft vom Schoßraum aufsteigt, trifft sie auf ihrem Weg nach oben auf deine Herzkraft. Doch um dort anzukommen (ohne Dämpfer und Blockaden), muss sie auch durch den Solarplexus mit all seinen Selbstwertthemen. Hier liegt die Krux: Wenn du es dir nicht wert bist, Fülle und Liebe zu manifestieren, wird es nicht passieren. Umgekehrt gilt aber genauso: Wenn du deinen Wert kennst und dich wieder mit deiner kraftvollen Weiblichkeit verbindest, dann wird jede Manifestation einfacher.

Wie machen wir das? Wir arbeiten nicht mit dem Solarplexus, sondern wir gehen gleich zum Chef, deinem Herzen. Wir werden mit deiner Herzkraft arbeiten, sodass tiefe Heilung passieren kann. Deine Herzkraft kann jede alte Verletzung transformieren und deine Herzkraft wird jede deiner Manifestationen beschleunigen.

Ich werde dir zeigen, wie du mit der Kraft der Liebe manifestierst und deine Wünsche wahr werden lässt. Deine Herzkraft wird deine Manifestationen beschleunigen und den Weg nach oben zu deinem kosmischen Tor ebnen, dem Energievortex in deinem Kopf.

Wie bringst du deine Manifestationskraft zum Fließen?

Wir sind Teil der Schöpfung und an die Schöpfungskraft angebunden. Doch damit wir diese in unserem Leben nutzen können, muss Liebe durch uns fließen. Wenn eine Manifestation nicht klappt, blockierst du irgendwo den natürlichen Flow der Liebe in deinem Körpertempel.

Je mehr Liebe du in dir generierst, desto kraftvoller können deine Manifestationen werden. Und mit der gleichen Kraft der Liebe werden wir auch deine drei Manifestations-Power-Zentren öffnen und miteinander verbinden.

Liebe ist unser natürlicher Zustand. Es ist die Kraft, mit der wir manifestieren. Natürlich können wir auch mit dem Ego, Visionboards und Affirmationen manifestieren und damit die Kopfkraft nutzen. Doch das ist nicht das wahre Manifestieren. Das wäre die Babyvariante des Manifestierens, eine spirituelle New-Age-Verwirrung.

Dein wahres Potenzial: das Manifestieren von Liebe und Fülle

Wer willst du sein und wer bist du jetzt? Der einzige Unterschied zwischen dem, was du jetzt glaubst zu sein und dem, was du werden möchtest, ist das Erlauben der Liebe.

Um in deine Kraft zu finden, musst du dich der Liebe öffnen. Du musst die Liebe wieder durch dich, deinen Körper und dein Leben fließen lassen. Das ist der große Unterschied. Um erfüllt, glücklich und frei zu sein, brauchst du eine starke Anbindung an die Liebe.

Die meisten Menschen haben sich unbewusst von der Liebe getrennt. Tiefe Verletzungen. Ängste. Unterdrückte Emotionen. Doch ohne Liebe gibt es keine Erfüllung. Liebe ist, warum wir auf diese Welt gekommen sind. Und Liebe ist es, was wir hier erleben, geben und empfangen wollen. Liebe ist Leben. Nur, wenn wir lieben, leben wir tatsächlich.

Bist du bereit, wieder zu lieben? Die Liebe durch dich fließen zu lassen? Mit der Kraft der Liebe zu heilen? Mit der Kraft der Liebe zu manifestieren? Dich von alten Mustern zu befreien? Und dein wahres Potenzial zu entfalten?

Nichts ist stärker, wichtiger und kraftvoller als die Macht der Liebe. Die Liebe in dir wird dir helfen, das zu manifestieren, was du dir ersehnst. Heile in der Tiefe. Begib dich auf den Weg der Liebe und erlebe tiefe Transformation.

Du trägst die Anbindung an die Schöpferkraft in dir. Die Liebe in dir aktiviert diese Verbindung. Erinnere dich an deine Superkraft: Liebe.

Es ist Zeit, dein Herz weit zu öffnen. Für die Liebe. Für das Geben der Liebe. Und noch viel mehr für das Annehmen der Liebe.

Bedingungslose Liebe. Schöpferliebe. Selbstliebe. Die Liebe von Mama Erde. Die Liebe von Papa Himmel. Die Liebe in dir.

Die Liebe, die uns erschaffen hat. Die Liebe, die jede deiner Zellen erfüllt, wenn du sie lässt. Die Liebe, mit der du deine Wünsche und Träume verfolgen kannst.

Wie geht das? Durch tiefe Heilung. Wenn du die Liebe erlaubst, manifestierst du Fülle auf allen Ebenen. Damit lebst du deinen Seelenplan. Du lebst Liebe. Du inspirierst. Du lebst deine Schöpferkraft. Dazu musst du die Manifestationsgesetze kennen und anwenden. Schauen wir uns diese einmal an.

Die Manifestationsgesetze auf einen Blick

Beim Manifestieren gibt es ein paar Grundregeln, die du beachten musst. Diese zeige ich dir hier. Wenn wir die Manifestationsgesetze nicht kennen oder bewusst missachten, werden unsere Manifestationen nicht wahr. Deshalb ist es wichtig, die folgenden Punkte zu verinnerlichen.

#1: Alles ist Resonanz:
Deine Gefühle entscheiden über deine Zukunft.

Wir leben eingebettet in einem System aus Resonanz. Du bekommst immer mehr von dem, was zu deiner aktuellen Energie passt, denn wir können immer nur das manifestieren, was ein energetisches Match für uns ist.

Das bedeutet, um Liebe zu manifestieren, musst du Liebe sein. Wie geht das? Du musst Liebe für dich und dein Leben tatsächlich empfinden und darfst keine negativen Gedanken über deinen eigenen Wert haben. Wenn du also eine erfüllende Partnerschaft manifestieren möchtest, musst du zuerst eine innige und tiefe Verbindung mit dir selbst haben.

Das Gleiche gilt für das Manifestieren von Fülle. Um materielle Fülle in deinem Leben manifestieren zu können, musst du dich wirklich reich fühlen können. Das bedeutet, das wertzuschätzen, was da ist. Lieben, was da ist und gleichzeitig tiefe Dankbarkeit für den Reichtum in deinem Leben spüren. Nicht als Fake, sondern tatsächlich. Im Grunde manifestieren wir Fülle durch gelebte Bescheidenheit, wenn wir uns immer unendlich reich beschenkt vom Leben fühlen und tiefe Dankbarkeit für unser Sein empfinden. Das bedeutet ein Leben frei von Neid, Mangeldenken, Vergleichen oder der Angst, nicht genug zu haben. Und auch der Angst davor, nicht genug zu sein, denn auch fehlender Selbstwert manifestiert Mangel.

Alle unsere Manifestationen basieren auf Resonanz. Nichts ist kraftvoller als intensive Gefühle. Daher liegt hier eine Manifestationskraft, die von den meisten nicht gelebt wird. So viele Menschen leben stumpf vor sich hin, ohne tiefe Gefühle, Freudentänze und Freudentränen. Doch dabei ist es genau das, was Liebe und Fülle in unserem Leben manifestiert.

Deine Worte sind nicht entscheidend für das Manifestieren. Das Entscheidende ist, ob du genug kraftvolle Gefühle der Liebe, Freude und Dankbarkeit hast. Denn diese manifestieren dir Fülle.

Das ist auch der Grund, warum positive Affirmationen nicht funktionieren, denn sie haben keine Manifestationskraft. Worte sind Schall und Rauch. Sie sind wichtig, ja. Aber ein Orgasmus, Freudentränen, tiefe Liebe und nicht mehr aufhören können zu lachen, manifestieren tausendmal stärker. Wann immer wir starke Gefühle erleben, helfen uns diese, mehr Liebe, Fülle und Schönheit in unserem Leben zu manifestieren.

Downside: Du manifestierst nicht nur, wenn du glücklich bist. Auch negative Emotionen wie Traurigkeit, Depression, Wut, Angst oder Überforderung manifestieren genauso. Aber sie manifestieren mehr Leid, Traurigkeit und Probleme. Und da viele Menschen täglich kaum noch tiefe Freude und Liebe empfinden, sich aber ganz leicht über alles Mögliche aufregen, gibt es so viele Menschen, deren Träume nicht wahr werden.

Fazit: Um kraftvoll manifestieren zu können, musst du dafür sorgen, dass du deine negativen Emotionen heilst und jeden Tag für genügend Glücksmomente sorgst. Dazu kannst du die Quick-Fixes nutzen, die ich später in diesem Buch aufzeige.

#2: Egal, woran du denkst, du bekommst mehr davon.

Die Energie, die du ausstrahlst, wird von deinen Gedanken und den daraus resultierenden positiven Gefühlen oder negativen Emotionen geformt. Deine Gedanken sind neben deinen Gefühlen deine Superkraft. Jeder Gedanke erzeugt Reaktionen in deinem Körper. Positive Gefühle, die deine Manifestationen unterstützen oder negative Emotionen, die deine Wünsche boykottieren.

Deine Gedanken entscheiden damit über den Verlauf deines Lebens. Um kraftvoll manifestieren zu können, musst du sie entweder kontrollieren, was kaum möglich ist, oder dein Unterbewusstsein von alten Verletzungen und mangelnden Programmierungen befreien, was der viel bessere Weg ist.

Downside: Wenn du negative Gedanken hast, wirst du negative Emotionen wie Traurigkeit, Angst, Wut oder Überforderung erleben und diese werden Leid, Mangel und Stress manifestieren. Nur wenn du dich um Heilung kümmerst, werden deine Manifestationen es in die Realität schaffen.

Wenn du also ständig genervt bist, wirst du keine deiner Herzenswünsche manifestieren können, sondern schlichtweg immer wieder neuen Stress in dein Leben holen. Deshalb ist es wichtig, die Kontrolle über unseren „Monkey-Mind" zu haben, den kleinen Affen im Kopf, der meist zu viel Unsinn redet und ständig alles kritisiert, hinterfragt oder besser weiß.

Fazit: Beobachte deine Gedanken und lass die negativen komplett los. Sie ruinieren dein Leben. Damit dies leichter geht, ist es wichtig, deine alten Verletzungen in der Tiefe zu heilen. In den folgenden Kapiteln zeige ich dir Schritt für Schritt, wie du alte Verletzungen heilst und somit deine positive Manifestationskraft wieder ins Fließen bringst.

#3: Du hast immer die Wahl. Wähle Heilung und Fülle.

Deine Gedanken kommen vom Ego und das Ego ist oft im Mangel. Es hat all deine Verletzungen und Ängste abgespeichert und reagiert auf jeden Trigger, den es präsentiert bekommt. Damit das Ego Ruhe gibt, ist es so wichtig, alte Verletzungen gründlich zu heilen.

Du trägst die Verantwortung für alles in deinem Leben, denn du hast die Kontrolle über deine Emotionen. Warum? Weil du die Kontrolle über deine Gedanken hast und gleichzeitig im Körper gespeicherte Emotionen lösen kannst.

Ist es immer einfach? Nein. Aber das ändert nichts am wichtigsten Gesetz des Manifestierens: Alles ist Resonanz. Niemand ist verantwortlich für dein Glück und niemand kann dich glücklich machen. Dein Fokus entscheidet, wo deine Energie hingeht.

Downside: Wenn du schlecht gelaunt bist, manifestierst du Stress, Leid, Probleme und Ärger. Altes Trauma und nicht losgelassene Verletzungen führen zu unterbewussten negativen Gedanken.

Wie du über Dinge und Umstände denkst und fühlst, entscheidet über deine Zukunft. Wähle. Wähle weise. Alles hat eine gute und eine schlechte Seite. Was du ablehnst, wird mehr. Halte deinen Fokus auf das Gute. Finde Freude an deinem Status quo. Ja, Freude. Wir können sie immer empfinden. Nicht stundenlang, aber für kleine Momente und diese summieren sich.

Fazit: Heile dein Herz und deinen Schoßraum, denn hier sitzen die tiefsten Verletzungen, die deine Manifestationen blockieren. Dich zu heilen bedeutet, deine Manifestationskraft zu stärken. Und deine Manifestationskraft sitzt in den drei verborgenen Manifestations-Power-Zentren. Deshalb schauen wir uns nun genau an, wie du diese reinigst, heilst und öffnest, damit deine Manifestationskraft stärker wird.

Deine drei Manifestations-Power-Zentren

Dein Körper ist ein Manifestations-Tool. Er hilft dir, dein Leben aktiv zu gestalten. Nicht nur mit deinen Händen und Füßen, sondern vor allem mit deiner Energie und deiner Lebenskraft, die zum Teil auch als Manifestationskraft genutzt werden kann.

In deinem Körper gibt es drei Manifestations-Power-Zentren, denen besondere Aufmerksamkeit gilt: dein Schoßraum, dein Herzraum und dein Kopf. Wenn wir auf die Welt kommen, sind diese drei Zentren ganz natürlich miteinander verbunden. Dann passiert das Leben mit seinen Verletzungen und Herausforderungen und es entstehen oft tiefe Blockaden.

Emotionale Verletzungen, meist aus unserer Kindheit, führen zu Glaubenssätzen wie „Ich bin nicht gut genug", „Ich bin nicht wertvoll", „Keiner liebt mich" und „Ich bin nichts Besonderes". Diese Glaubenssätze sitzen tief verborgen im Unterbewusstsein vieler Menschen. Doch dort bleiben sie nicht, denn sie manifestieren sich in unserem Körper, in Form von energetischen und körperlichen Blockaden.

Die Folge ist, dass deine Lebensenergie nicht mehr frei durch deinen Körper fließen kann, weil sie blockiert wird. Dies passiert, wenn emotionale Verletzungen nicht verarbeitet werden und sich die Energien von Wut, Traurigkeit, Angst, Ohnmacht, Überforderung, Einsamkeit und Hilflosigkeit im Körper festsetzen.

Diese Energien blockieren nicht nur deine Manifestationen, sondern sie enden irgendwann ganz zwangsläufig in Krankheiten, Verspannungen, Verdauungsproblemen, Autoimmunerkrankungen und vielen weiteren Beschwerden. Deshalb ist es umso wichtiger diese feststeckenden Emotionen zu heilen.

Das manipulierte Tor zum Himmel und deine Verbindung zur Schöpferkraft

I

Dein Kopf ist tatsächlich ein magischer Ort. Dein drittes Manifestations-Power-Zentrum ist dein originäres Energieportal im Kopf. Ein Feld, das dich an die Schöpfungsenergie anbinden kann. Es ist das Tor zum Himmel.

Die Öffnung dieses Energieportals befindet sich oben mittig auf deinem Schädel. Dort, wo unser Kopf als Säugling zusammengewachsen ist. Und genau diese Stelle können wir auch wieder öffnen. Durch Meditation, bewusste Wahl der richtigen Gehirnfrequenz, Gebet, Gesang und rituellen Tanz. Oder schlichtweg durch Liebe, das Leben der Liebe. Entweder als Paar oder als Single in der Einheit mit Mama Erde und Papa Himmel.

Über dieses Energiefeld kannst du dich mit der Schöpfung verbinden. Es ist dein Tor zum Himmel. Hier kannst du dich mit der unendlichen Weisheit und Liebe der Schöpfung verbinden. Dieses Tor öffnen wir bei der Meditation in Thetafrequenzen, wodurch Meditationen tiefer, entspannter und kraftvoller werden. Reguläre Meditationen bringen dich meist nur in eine Alphafrequenz. Diese sind ebenfalls sehr entspannend, aber zum Manifestieren reichen sie nicht aus.

Die Öffnung dieses Tores braucht Übung und ja, es ist auch Arbeit, doch das kannst du hier lernen, indem du die Meditationen dieses Buches regelmäßig nutzt.

Bevor wir das Tor zum Himmel öffnen können, brauchen wir zuerst ein tieferes Verständnis. Denn nur wenn wir mit dem Herzen sehen, welche Kraft und welchen Zugang dir dieses Energiefeld ermöglicht, können wir tiefen Respekt für uns selbst (es ist unser Körper und unsere Energie, die dies ermöglichen) und für die Schöpfung (ohne sie wären wir nichts) entwickeln.

Wenn wir dieses Tor öffnen, dann geht ein Teil unserer Seele aus dem Körper hinaus und in höhere Dimensionen. Die Seele verbindet sich ganz leicht mit der Schöpfung, wenn wir es ihr erlauben. Doch damit die Seele sich auf diese Reise begeben kann, müssen erst einmal die Programmierungen aufgehoben werden, die wir uns in unserer Gesellschaft angeeignet haben.

Alles, was deine Eltern zu ihrer Wahrheit gemacht haben, egal, ob richtig oder falsch, haben sie dir vorgelebt. Das hat dein Sein geprägt. Ihre Werte wurden tief in dich einprogrammiert. Denn bis wir ungefähr sieben Jahre alt sind, übernehmen wir alles von unseren Eltern und den Menschen in unserem direkten Umfeld als absolute Wahrheit. Wir haben noch nicht die Fähigkeit entwickelt, Wahrheit von Unwahrheit zu trennen.

In diesem jungen Alter sind wir wie ein Schwamm. Wir nehmen alles als Wahrheit auf und akzeptieren es ohne Wenn und Aber. Das liegt daran, dass unser Gehirn bis zu dieser Zeit noch sehr viel im Thetazustand ist. Dies ist ein kraftvoller Zustand, der bewusst für jedwede Veränderung in deinem Leben genutzt werden kann. Und zwar im Guten sowie im Schlechten. Zu deinem Vorteil und deinem Nachteil. Denn Programmierungen, die wir im Thetazustand erhalten, sind tief und verfestigen sich schnell. Alles, was du als Kind erlebt hast, prägt deine Weltsicht, deinen Charakter und deine Manifestationsfähigkeiten.

Doch nichts davon ist in Stein gemeißelt, alles kann geändert werden. Nur manchmal braucht es sehr viel Aufwand. Denn wenn du lernst, die Thetawellen bewusst zu erzeugen und dein Gehirn für mehrere Minuten in der Thetawelle zu halten, dann kannst du viele Programmierungen der Kindheit auch wieder ändern.

Das einzige Problem dabei ist, dass viele die Thetawelle nicht genug trainieren und daher keine echten Thetafrequenzen erreichen und in Alphafrequenzen hängen bleiben. Das ist ebenfalls ein sehr entspannter Meditationszustand, aber ohne die kraftvollen Effekte einer Thetawelle. Es ist schlichtweg angenehm, entspannend und beruhigend. Umprogrammierung kann hier aber nicht passieren. Und weil viele Menschen beim Meditieren und dem damit verbundenen „Abschalten" Probleme haben, verwechseln sie eine tiefe Thetawelle mit einer entspannenden Alphawelle.

Wenn es dir also durch genügend Übung möglich ist, eine für mehrere Minuten konstante Thetawelle zu erzeugen, dann kannst du das Energieportal in deinem Kopf öffnen und dich mit der Weisheit des Universums und generell jeder vorhandenen Wahrheit verbinden. Das ist die Magie des oberen Manifestations-Power-Zentrums. Es ist das Tor zum Himmel und zur Weisheit von Papa Himmel.

Während wir durch unseren Schoßraum kraftvoll mit Mama Erde verbunden sind, verbindet uns das Energiefeld in unserem Kopfbereich mit der Kraft von Papa Himmel. In einer Welt, in der man nicht mehr auf die Ältesten hört und weit vom Weg der Liebe abgekommen ist, ist die Verbindung mit der Natur und den Elementen essenziell, um wieder Halt, Richtung und Klarheit zu finden.
Papa Himmel ist die maskuline Kraft, die uns Führung, Halt und Sicherheit gibt. Indem du dein Tor zur Schöpfung öffnest, bindest du dich an Papa Himmel. Du wirst die Worte der Schöpfung und die Hilfestellung deiner Seele leichter hören. Deine Intuition wird stärker. Es ist deine Verbindung zur Göttlichkeit und zur Einheit.

Wenn wir lernen, mit Papa Himmel zu kommunizieren, erhalten wir Wegweisung für unser Leben als Individuum, für unsere Familie und die Gemeinschaft, in der wir leben. Die Weisheit, die uns zugutekommen kann, wenn wir das Tor zur Schöpfung öffnen und diese Verbindung mit reinem Herzen eingehen, ist unendlich.

Dein energetisches Herz: Das Tor zur Seele und ein Magnet für Liebe und Fülle

2

Es mag dir nicht neu erscheinen, dass das Herz ein kraftvoller Ort ist. Doch was wäre, wenn du mit der Kraft deines Herzraumes tatsächlich Welten verändern, alles in dir heilen und unendliche Liebe für dich und andere erschaffen könntest? Was wäre, wenn?

Die Kraft des Herzens ist zwar weit bekannt, doch wird sie kaum genutzt. Wir suchen nach Powerhacks, Manifestationstipps, Affirmationen und Tools, die uns helfen, unsere Wünsche zu erfüllen. Wir beschweren uns, wenn es nicht klappt, und doch suchen wir weiter. Manch einer gibt verzweifelt auf und wirft die Flinte ins Korn. Dabei ist die Lösung für all dein Suchen so nah. Nur rund dreißig Zentimeter liegen zwischen unserer „gedachten Kommandozentrale" und der wahren Kraft unseres Seins. Dein Herz ist mehr als ein Muskel und mehr als ein Ort, der gelegentlich traurig ist.

Dein Herzbereich birgt ein unendliches Potenzial. Hier kann die Lebenskraft, die vom Schoßraum aufsteigt, vervielfacht und über das elektromagnetische Feld des Herzens verteilt und ausgesendet werden.

Wenn du verstehst, wie dein Herz deine Manifestationskraft stärken kann und was für eine Magie du damit erschaffen kannst, dann wirst du diesen heiligen Raum künftig anders betrachten.

Warum können so viele Menschen die Idee der „Kraft des Herzens" zwar verstehen, sie aber nicht leben? Weil sie die Kraft ihres Herzens nicht mehr spüren können.

Solange Trauer, Angst, Ohnmacht, Wut, Enttäuschung, Einsamkeit, Hass, Groll, Neid, Missgunst und Co. einen Schatten über diesen heiligen Herzraum werfen, kann die Energie des Herzraumes nicht erstrahlen.

Ein Herz kann nur Liebe und Fülle manifestieren, wenn wir es atmen lassen und ihm Raum geben. Das Herz muss von Druck, Mangel und Minderwertigkeitsgefühlen befreit werden, ansonsten kann es nicht atmen und die Kraft des heiligen Herzraumes geht verloren, beziehungsweise wird sie bei den meisten Menschen gar nicht erst aktiviert.

Unser Herz hat viele eingespeicherte Verletzungen der Ahnenlinie. Dazu kommen dann die eigenen Verletzungen der Kindheit hinzu. Je nachdem, wie viel oder wenig Liebe, Nähe, Halt und Sicherheit wir erhalten haben, schnürt sich das Päckchen, das auf unserem Herzen liegt.

Genauer gesagt liegt dieses Päckchen auf deinen Schultern und drückt auf den Herzraum. Es nimmt dem Herzraum die Luft zu Atmen, denn die Lungenflügelchen müssen sich frei bewegen können, um den Herzraum gut zu versorgen. Doch allzu oft stecken die Lungen voller Trauer und altem Schmerz. Die Lösung erahnst du genau richtig: Wir dürfen all diesen Ballast loslassen. Das bedeutet für manche viel Arbeit, doch ich werde dir einen Weg zeigen, wie dies leichter geht. Im Grunde ist der Herzraum ganz einfach durch Erhöhung deiner Schwingung zu befreien.

Stell dir eine Waage vor. Die Seite, auf der mehr Gewicht liegt, geht nach unten. Nun kann man Stück für Stück etwas von dem Leid wegnehmen. Das geht und es ergibt Sinn. Gleichzeitig ist es viel Aufwand und nur wenige von uns werden diesen Weg wirklich gehen. Nicht, weil sie nicht möchten, sondern weil die Zeit dafür zwischen Arbeit, Kinder, Haushalt, Einkaufen etc. fehlt. Wie soll das gehen? Genau, es geht nicht.

Was ist der Gegenspieler des Leids? Glück. Wenn wir mehr und mehr Glück auf die Waage legen, wird diese Seite schwerer und sie kippt. Wenn wir unseren Fokus im Alltag darauf legen, immer genug Glück zu haben, wird der Herzraum frei. Wie soll das gehen? Durch das Erschaffen von Freude, Leichtigkeit, Sinnlichkeit, Verspieltheit, Genuss, Abenteuer, Nähe, Kuscheln, Küssen, Tanzen und Spielen.

Idealerweise müssen wir beides tun, die alten Verletzungen heilen und tagtäglich für neues Glück, Freude und Leichtigkeit sorgen. Wenn wir dies tun, finden wir eine Balance und der Druck fällt von den Schultern. Wenn wir Sex haben, tanzen, singen und spielen, dann ist unser Körper entspannt und im Flow. Es passiert Heilung, Detox und Regeneration und wir tragen ganz unbemerkt ein Stück des Leides ab.

Und wann immer dann Zeit ist, sich um die bewusste Heilung alter Verletzungen zu kümmern, tun wir das und nach einer Weile wird dein Herzraum frei. So kann deine Manifestationskraft leichter fließen.

Ein geheiltes Herz ist ein Magnet für Liebe und Fülle. Liebe verstärkt deine Manifestationskraft, die aus deinem Schoßraum aufsteigt.

Du darfst den Fokus auf die Heilung deines Herzens legen. Zeit, die du hier hineininvestierst, wird nie verschwendet sein. Es ist das beste Investment, das du je machen wirst, denn du investierst in deine emotionale und spirituelle Fülle.

Dein geheiltes Herz ermöglicht es dir, deine Seele zu hören und sie zu verstehen. Ohne dass deine Seele schreien oder Krankheiten erzeugen muss, wie wir es heute oft sehen. Wenn du Krankheiten hast, kann es unter anderem sein, dass deine emotionalen Verletzungen der Vergangenheit auf deinem Herz lasten. Verstehe Krankheit als eine Einladung, dich deiner Liebe, deinem Herzen und deiner selbst zu widmen.

Das Herzzentrum ist eine wahre Powerzentrale, denn es ist mit allem verbunden. Von hier aus wird jede Zelle deines Körpers informiert und mit Liebe aufgefüllt, vorausgesetzt du lässt sie fließen. Dein Herzraum verbindet deinen Schoßraum mit dem Tor zur Schöpfung in deinem Kopf und ist gleichzeitig der Ort, an dem deine Energie nach außen gesendet wird.

Ich möchte dich noch einmal daran erinnern, dass wir zwei große Hebel haben, um die Herzkraft zu aktivieren: Das Heilen alter Verletzungen und das Nähren der Liebe durch das Erschaffen von mehr Freude und Flow. Dazu später mehr.

Dein Schoßraum: Das Tor zur Einheit und geheimes Powerzentrum für Manifestationen

3

Wir haben verlernt, unseren Schoß zu heiligen, obwohl hier unsere Lebenskraft geboren wird. Es ist der Ursprung unserer Lebens- und Manifestationskraft und genau deshalb werden wir auf unserer gemeinsamen Reise auch intensiv mit deinem Schoßraum arbeiten.

Nur wenn du dich mit deiner Schoßraumkraft verbindest, sie umarmst und dich von ihr nähren lässt, wird auch deine Manifestationskraft stärker. Denn solange wir getrennt von unserem Schoßraum leben, sind unsere Manifestationen schwach.

Während wir im Westen kaum über unsere weibliche Energie, die Lebensenergie und den Schoßraum reden, und wenn, dann nur hinter verschlossenen Türen oder in tantrischen Seminaren, ist die Arbeit mit dem Schoßraum in anderen Kulturen ein wichtiger Bestandteil der Heilung. Genauer gesagt, dort, wo der Mensch noch als Ganzes gesehen wird und Sexualität nicht verteufelt oder benutzt wird. In alten Traditionen finden wir wertvolles Wissen über die Heilkraft der Vereinigung, der Verschmelzung von Mann und Frau. Diese lässt sich in Lebenskraft verwandeln und genauso natürlich auch in Manifestationskraft.

Dein Schoßraum verbindet dich mit Mama Erde. Gleichzeitig verbindet dich die Energie, die im Schoßraum produziert wird, auch mit Papa Himmel, indem sie aufsteigt und durch deinen Körper und Kopf nach oben strebt. Wenn wir diese Energie stärken, wird auch deine Schöpferverbindung stärker, deine Intuition klarer, dein Herz heilt schneller und natürlich manifestierst du leichter.

Es ist wichtig, deinem Schoßraum zu begegnen, denn das bedeutet, dir selbst zu begegnen. Unsere Mondzeit ist eng mit Mama Erde verbunden. Unser Körper läuft wie Mama Erde durch Frühling, Sommer, Herbst und Winter. Wir leben im kontinuierlichen Flow. Unsere Energien, Gefühle und Manifestationskraft verändern sich mit der Jahreszeit unseres Körpers. Fast immer braucht der Schoßraum viel Heilung, damit die Schoßraumkraft sanft und stark zugleich aufsteigen kann.

Ist unser Schoßraum gereinigt und geheilt, eröffnen sich ganz wunderbare Wege der Kommunikation mit Mama Erde und deinen Ahnen. Dir steht viel mehr Energie für das Verfolgen deiner Wünsche zur Verfügung.

Je mehr wir in die Einheit mit Mama Erde gehen, desto mehr werden wir getragen, genährt und geschützt. Diese Gefühle von Sicherheit und Halt geben unseren Manifestationen Kraft. Manifestationen können nur passieren, wenn wir uns sicher fühlen. Jedoch tragen wir oft alte Verletzungen in uns, die verursachen, dass sich das Unterbewusstsein im Körper nicht wohlfühlen kann. Die Heilung emotionaler Verletzungen nimmt Zeit in Anspruch und verzögert dadurch unsere Manifestationen.

Die Lösung hierfür ist, das Gefühl von Sicherheit in uns selbst zu nähren. Das geht immer und am besten durch die aufrichtige Verbindung zu Mama Erde. Unser Schoßraum spielt dabei eine wichtige Rolle, denn unsere Lebenskraft kann auch nach unten durch die Beine fließen. Das tut sie oft, weil wir verlernt haben, sie nach oben zu bewegen. Das wirst du später noch lernen.

Wir können die Lebenskraft auch bewusst nach unten durch die Beine senden und uns so mit Mama Erde verbinden. Dazu gibt es keine wissenschaftliche Anleitung. Es braucht Bewusstsein, Präsenz und die Intention der Verbindung. Je mehr wir barfuß laufen, desto leichter wird es. Je mehr du in die Natur gehst und bewusst im Moment bist, anstatt über deine Arbeit oder Aufgaben nachzudenken, desto mehr wirst du in Verbindung mit Mama Erde kommen. Mama Erde lebt in der Fruchtbarkeit, Unendlichkeit und Fülle.

Mit jeder deiner Manifestationen wirst du künftig Liebe praktizieren, denn Manifestieren ist wie Liebe machen mit der Schöpfung. Man schenkt Leben, indem Wünsche geboren werden und sich in unserer Welt materialisieren. Es ist das Spiel mit deiner Schöpfungskraft und die Freude über deine Anbindung und die Dankbarkeit über das magische Geschenk, das du erhalten hast.

Tatsächlich wird dein Geschenk nicht sein, dass sich deine Wünsche schneller manifestieren, sondern dass du die Kraft deiner Seele spüren wirst, die dieses Leben hier für dich erschaffen hat. Du wirst deinen Seelenplan spüren, denn deine Herzenswünsche sind immer auch mit deinem Seelenplan verbunden.

Oft gehen Herzenswünsche gar nicht so schnell in Erfüllung. Es kann sein, dass du Jahre oder Jahrzehnte darauf warten musst. Herzenswünsche werden von der Seele erschaffen und sind Wegweiser für deine Heilung und Transformation. Pure Schöpferenergie.

Dafür braucht es deinen Schoßraum und die Freude an ihm. Dazu gibt es einiges zu heilen und vorzubereiten. Ungesunde Beziehungen müssen aus der Yoni (der Vagina) geheilt, die Abdrücke von Ex-Lovern gelöst und verlorene Babys und Abtreibungen durch Zeremonien losgelassen und verarbeitet werden.

Hinzu kommen die Erfahrungen unserer Ahninnen, die ebenfalls in unserem Schoßraum gespeichert sind. Wir haben uns dieser Heilung angenommen, auch wenn wir uns dem gar nicht bewusst sind. Doch wenn du dich heilst, heilst du auch deine Ahnenlinie und das fängt im Schoßraum an. Wie du das tust, zeige ich dir später im Detail.

Notizen

Step 1

Leichteres Manifestieren mit den Quick-Fixes

Quick-Fix 1: Energie-Detox durch alte Heilpraktiken
Quick-Fix 2: Tanz als Ausdruck deiner Seele
Quick-Fix 3: No more Bullshit – Stoppe deine Gedankenflut
Quick-Fix 4: Energie-Shifts durch die Kraft deiner Stimme
Quick-Fix 5: Aktiviere deine Verbindung zu Mama Erde
Quick-Fix 6: Liebe machen mit dem Leben

Leichteres Manifestieren mit den Quick-Fixes

Unser Körper ist das Tool, um unsere Energie zu verändern, denn er hat die Fähigkeit, jede unserer Energien zu jedem Zeitpunkt zu transformieren. Zum Beispiel, um eine Energie der Trauer in eine Energie der Liebe zu verwandeln oder eine Energie der Wut in eine Energie der Motivation und Hingabe. All das ist möglich, wenn wir die Tools unseres Körpertempels nutzen.

Die Quick-Fixes helfen dir dabei, leichter zu manifestieren. Sie sind dafür da, dass du deine Energie anhebst, denn davon hängt das Manifestieren ab. Je höher deine Energie ist, desto schneller werden deine Wünsche wahr. Gleichzeitig bilden diese Quick-Fixes zum Anheben deiner Energie die Basis für die Heilung und Kräftigung deines Schoß- und Herzraumes und deiner Schöpferverbindung.

Praktiziere diese Körpertools täglich.
Manifestationen brauchen eine reine, hochschwingende Energie.
Mit diesen Quick-Fixes erreichen wir diese.

Quick-Fix I

Energie-Detox durch alte Heilpraktiken

Um Manifestationskraft zu erzeugen und die vorhandene Energie auch nutzen zu können, muss sie in Bewegung sein. Dein Körper muss in Bewegung gebracht werden, damit die Energien in dir zirkulieren.

Ich empfehle dir, Praktiken wie Tai-Chi oder Qigong täglich für 10 bis 20 Minuten zu praktizieren. Diese arbeiten direkt mit deiner Energie, indem sie ungesunde, niedrig schwingende Energien klären und Energieblockaden lösen. Gleichzeitig entspannen sie uns und heben die Stimmung.

Ich selbst praktiziere regelmäßig Qigong, um die Energien in meinem Körper ins Fließen zu bringen, zu klären und zu stärken. Es ist eine sehr alte Praktik und sie birgt sehr viel Heilpotenzial. Die Kraft, die wir damit in Bewegung bringen, steht uns sofort für unsere Manifestationen zur Verfügung.

Wenn du damit beginnst Tai-Chi oder Qigong zu praktizieren, trittst du in den Dialog mit deinem Körper. Wenn du einmal einen Qi-Ball in deinen Händen geformt hast und dieses Kribbeln, dieses Feuer und diese Kraft spürst, dann wirst du verstehen, was mit dem Wort Manifestationskraft gemeint ist.

Um kraftvoll manifestieren zu können, musst du deine Lebensenergie, die in deinem Schoßraum geboren wird, aufsteigen lassen. Das kannst du nicht mit deinem Kopf erzwingen, sondern nur durch sanfte, gezielte Bewegung erreichen.

Yoga erzeugt hier nicht die gleichen Effekte, da man nicht bewusst mit der Energie arbeitet. Es ist wichtig, zu hinterfragen, was die Intention hinter der Praxis ist. Tai-Chi und Qigong fokussieren sich komplett auf die Klärung, Stärkung und zielgerichtete Verwendung unserer Energien. Somit helfen uns diese alten Praktiken dabei, unsere Manifestationskraft zu aktivieren.

Quick-Fix 2

Tanz als Ausdruck deiner Seele

Tanzen ist der Ausdruck deiner Seele. Urvölker nutzen Tanz, um ihre Energien zu transformieren und sich mit der Schöpfung zu verbinden. Um der Schöpfung zu begegnen, müssen wir das Ego überwinden und hinter uns lassen.

Wenn dein Körper tanzt, spielst du auch mit dem Element Wasser. Du arbeitest mit dem Wasser in deinem Blut, das dich mit den Gewässern von Mama Erde verbindet. Idealerweise tanzt du barfuß, da dich das noch mehr mit Mama Erde verbindet.

Tanzen hat zwei große Vorteile. Es bewegt deine Energien und hilft dir beim Entgiften negativer oder niedrig schwingender Energien. Es hilft dir auch beim Erschaffen hochschwingender Energien, da du so in den Flow kommst, mit seiner Leichtigkeit, Freude und Hingabe zum Sein und dem Moment. Es holt dich in die Gegenwart und somit in deinen Körper. Diese beiden Aspekte in Verbindung helfen dir, deine Manifestationen schneller in die Realität zu holen.

Erlaube dir, dich zu bewegen, dich zu zeigen und dich durch deinen Tanz auszudrücken. Wenn ich dich zum Tanzen einlade, dann meine ich damit nicht, dass du in die Diskothek gehen oder Salsa tanzen sollst. Ich lade dich ein, deinen Körper tanzen zu lassen. Zu spüren, wie dein Körper sich bewegen möchte und dann diese Bewegung zu erlauben und ihr zu folgen. Das geht mit Musik genauso wie ohne Musik.

Wenn du Musik wählst, die dir dabei hilft, in deine Weiblichkeit und Sanftheit zu kommen, dann wirst du auf zweifache Art und Weise profitieren. Zum einen findest du mehr in deinen Körper und kannst deine Seele besser im Körper verankern. Zum anderen stärkst du deine weibliche Energie und deine Schoßraumkraft.

Nimm deinen Körper von innen und außen wahr. Nimm wahr, was in dir vibriert, wie die Energie sich in dir bewegt und auch, wo die Energie stoppt. Sende ein inneres Lächeln an diese Stellen und bewege diese Bereiche sanft, um die dort festhängenden Energien wieder in Bewegung zu bringen.

Tanz reinigt den Körper und hilft der Seele, in den Körper einzuziehen.

Tanze täglich, bis du einen deutlichen Wandel in deiner Energie spürst. Je nach Ausgangsbasis kann das bereits nach fünf Minuten oder erst nach einer Stunde sein. Jemand, der unglücklich ist, braucht mehr dieser heiligen Medizin unseres Körpertempels.

Quick-Fix 3

No more Bullshit – Stoppe deine Gedankenflut

Dieser Quick-Fix wird oft wissentlich ignoriert. Die meisten Menschen wissen um die Kraft der Gedanken und um die Wichtigkeit positiver Gedanken, also der Vermeidung negativer Gedanken. Gleichzeitig kümmern sich die wenigsten aber tatsächlich ganz bewusst darum und ruinieren so ihre Manifestationen. Also aufgepasst!

Wer den ganzen Tag traurige, depressive oder verstimmte Gedanken hat, erzeugt eine Flut an niedrig schwingenden Emotionen und diese Emotionen manifestieren sich im Außen. Man kann nichts Gutes manifestieren, wenn man unglücklich ist. Und das Glück beziehungsweise das Unglück wird durch die Flut unserer bewussten und unterbewussten Gedanken erschaffen.

Wenn wir erfolgreich, leicht und mit wenig Zeitaufwand manifestieren wollen, dann müssen wir in einer hohen Schwingung sein und das können wir nicht, wenn wir uns negative Gedanken erlauben. Und das Wort „erlauben" ist hier sehr wichtig.

Die bewusste Wahrnehmung deiner aktuellen Gedanken und das sofortige Unterbinden von negativen Gedanken sind essenziell, um kraftvoll manifestieren zu können. Je mehr Zeit du mit negativen Gedanken verbringst, desto unwahrscheinlicher werden deine Manifestationen.

Alles, was wir uns wiederholt sagen, manifestiert sich. Daran geht kein Weg vorbei, wir können die Gesetze dieses Universums nicht verändern. Aber wir entscheiden, welchen Gedanken wir Kraft geben und welche wir unterbinden. Wann immer ein negativer Gedanke kommt, haben wir die Chance zu sagen „ja, das nehme ich an" oder „nein, das nehme ich nicht an". Sprich, wir haben die Chance zu sagen „ja, dem gebe ich Energie" oder „nein, dem gebe ich keine Energie".

Schau dir deine Gedanken in den nächsten sieben Tagen ganz genau an. Alle negativen Gedanken über dich und andere schreibst du auf. Kurz und bündig in wenigen Stichpunkten. Danach hast du ein klares Bild über den Status quo.

Vorsicht Falle! Die New-Age-Spiritualität propagiert das Journaling.

Das Niederschreiben all deiner Sorgen, Ängste und Verletzungen bis ins kleinste Detail. Journaling hat genau einen Nutzen, es ist sinnvoll, um Gedankenkonstrukte zu erkennen. Mehr aber auch nicht. Tatsächlich ist es kontraproduktiv, negative Erfahrungen durch Journaling immer wieder durchzukauen und zu sagen: „Oh ja, ich bin so traurig, weil Mama und Papa XY gemacht haben". Das ist das Nähren der negativen Gedanken und trennt dich von der Erfüllung deiner Manifestationen.

Unser wahres Sein können wir nur erkennen, wenn wir Liebe leben und negative Gedanken abstellen, denn diese halten unsere Schwingung extrem niedrig. Um kraftvoll manifestieren zu können, muss deine Aufmerksamkeit der Liebe, der Freude und dem inneren und äußeren Frieden gewidmet sein.

Solange wir nicht verstehen, dass unsere Worte mächtig sind, kommen wir nicht in unsere Kraft. Dies zeigt uns unter anderem auch die Heilige Schrift: „Am Anfang war das Wort", steht in der Bibel. Genauer gesagt: „Am Anfang war der Ton".
Mit diesem wurde die Welt erschaffen, durch Schwingungen und Frequenzen. Wenn du hier tief einsteigst, wirst du die Macht der Worte und Frequenzen erkennen und aufhören, negativ über dich, dein Leben oder deine Zukunft zu reden. Denn du manifestierst immer.

Negative Gedanken sind oft gut versteckt:

- Ständig über Missstände reden, anstatt über Lösungen.
- Dich über deine Arbeit oder Kollegen beschweren.
  Wenn uns etwas nicht gefällt, müssen wir es ändern, sonst blockiert diese Energie unsere Manifestationen.
- Dich vergleichen.
- Im Wettbewerb leben.
- An der Vergangenheit hängen.
- Angst vor der Zukunft haben. Wer keine Pläne hat und nichts dafür tut, ist fremdgesteuert und muss in der Angst leben.
- Zu viel TV schauen. Hier findet eine bewusste Programmierung deines Unterbewusstseins statt, da dein Gehirn in einen Thetazustand geht.

Heute ist Tag 1:

- ☐ Beobachte deine Gedanken.
- ☐ Notiere dir eine Woche lang alle negativen Gedanken.
- ☐ Entscheide dich bewusst gegen diese Gedanken.
- ☐ Erlaube dir nicht, in niedrig schwingende Gedanken zu versinken.
- ☐ Wie schafft man den Switch? Bewegung, Tanzen und Singen.
  Diese verändern unsere Gedanken sofort.

Quick-Fix 4

Energie-Shifts durch die Kraft deiner Stimme

Unsere Stimme hat ein unendlich großes Heilpotenzial und gleichzeitig verkennen wir dieses im Westen so oft. Deine Stimme kann deinen ganzen Körper zum Vibrieren bringen, was dir hilft, energetische Blockaden zu lösen. Blockaden, von denen du oft nicht einmal weißt, dass sie existieren.

Wenn wir die Stimmgabel unseres Körpers nutzen und singen, bringen wir unseren ganzen Körper in Schwingung und zum Manifestieren benötigst du eine hohe Schwingung.

Im deutschen Wort „Stimmung" ist das Wort „Stimme" enthalten. Deine Stimme hat die Fähigkeit, deine Stimmung zu verändern. Durch deine Worte und durch deine Töne.

Wann immer du spürst, dass du traurig, wütend oder genervt bist, kann das Singen in Verbindung mit anschließendem Qigong oder Tanz direkt deine Laune anheben.

Singen hilft, stockende Energien im Körper in Bewegung zu bringen. Gleichzeitig hilft das Singen dabei, negative oder schwache und ungesunde Energien aus dem Körper abzutransportieren, indem wir den Atem und die Stimmmuskulatur benutzen. Gleichzeitig hilft uns das Singen, unser Herz zu nähren.

Hinweis: Es folgt ein Abschnitt, der Missbrauch thematisiert.

Als ich vor vielen Jahren in Mexiko ankam und heilige Zeremonien entdeckte, ging mein Herz weit auf. In heiligen Zeremonien singt man Medizinlieder, die das Herz tief berühren. Medizinlieder haben einen großen Anteil an meiner persönlichen Heilung von Missbrauch, den ich als kleines Mädchen erleben musste. Das Singen hat mir immer dann geholfen, wenn der Schmerz, die Ohnmacht und die Flashbacks (die visuellen Erinnerungen und Körperempfindungen) zu schwer und überwältigend für mich waren. Singen verändert unsere Energie sofort.

Singen öffnet dein Herz und deinen Hals. Dein Hals spielt eine bedeutungsvolle Rolle beim Manifestieren, denn alle Blockaden, die hier stecken, verhindern das Leben deiner Kraft.

Hals und Schilddrüse tragen oft alte und verborgene Angst in sich. Die Angst, deine Wahrheit zu sprechen, die Angst, gehört zu werden und die Angst, nicht gehört zu werden.

Wenn unser Halsbereich klar und frei ist, kann deine Manifestationskraft frei hindurchfließen bis ins oberste Manifestations-Power-Zentrum und dieses aktivieren. Wenn du Angst im Hals trägst, kannst du die drei Manifestations-Power-Zentren nicht öffnen oder blockierst sie und damit natürlich auch deine Manifestationen.

Singe. Erwecke die Magie deiner inneren Stimmgabel und nutze sie für die Stärke deiner Manifestationskraft.

Quick-Fix 5

Aktiviere deine Verbindung zu Mama Erde

Deine Beziehung zu Mama Erde spielt eine wesentliche Rolle für die Heilung deiner Weiblichkeit. Dein Schoßraum kommuniziert mit Mama Erde. Je besser deine Verbindung zu Mama Erde ist, desto leichter fließen auch deine Manifestationen.

Mama Erde hat einen großen Einfluss auf die Heilung unseres Schoßraumes. Ich lade dich also ein, in die Natur zu gehen. Je mehr wir Mama Erde spüren, desto mehr spüren wir, wie sie uns trägt, hilft, hält, nährt und mit Energie versorgt.

Ich lade dich ein, barfuß zu laufen, um den Kontakt mit Mama Erde zu suchen und den Ionenaustausch zu spüren, der dabei passiert. Es ist der Grund, warum die Urvölker barfuß liefen, um Mama Erde zu spüren, mit ihr zu kommunizieren und sich von ihr nähren zu lassen.

Es ist der Grund, warum es heilige Rituale gibt, in denen wir Pipi in Seen, Flüssen oder dem Meer machen, um mit Mama Erde zu kommunizieren und ihr unsere Bedürfnisse mitzuteilen. Wenn du das noch nicht gemacht hast und du spürst, dass du dir diese Verbindung wünschst, dann lade ich dich ein, deine eigene kleine Pipi-Zeremonie im Wasser zu veranstalten. Idealerweise nackt und in einer Gruppe von gleichgesinnten Frauen. Wenn du noch blutest, dann sind die Tage deiner Menstruation besonders kraftvolle, um dich mit der Liebe von Mama Erde zu verbinden.

Wie Mama Erde leben auch wir in Zyklen. Wir haben Frühling, Sommer, Herbst und Winter. Unser Körper lebt ebenfalls in Zyklen. Jede dieser Jahreszeiten hat ihre Besonderheiten und Schönheiten.

Jede dieser Jahreszeiten ist wertvoll und wichtig und es gibt kein Ende. Genauso wie es für unsere Seele kein Ende gibt. Unsere Seele ist unendlich. Nach dem Winter kommt der Frühling und im Lebensrad gesehen kommt nach dem Winter, dem Sterben und dem langsamen Verschwinden der Lebensenergie aus unserem Körper, dann der Neubeginn. Der Frühling. Die Neugeburt in einem anderen Körper.

Der ewige Kreislauf beginnt von vorn. Unsere Seele ist unendlich. Sie lebt unendlich und mit jedem Leben holen wir mehr von dem verlorenen Seelenanteil von unseren Vorfahren, unserer Ahnenlinie und uns selbst zurück. Mehr und mehr werden wir eins mit uns, unserer Ahnenlinie, Mama Erde und der Schöpfung. Und je stärker diese Kraft ist, desto stärker wird auch unsere Manifestationskraft.

Was kannst du also tun? Verbringe jeden Tag etwas Zeit im Wald, auf den Feldern, am Meer, am See, im Garten oder im Grünen und sei dabei präsent im Moment. Nimm die Pflanzen, Bäume und Sträucher bewusst wahr. Atme ihren Duft ein, verbinde dich. Es sind unsere Brüder und Schwestern, auch wenn viele das vergessen haben.

Und für drinnen, nutze eine Grounding-Matte, auf der du sitzen oder schlafen kannst. Sie erdet uns. Das ist gut für unsere Gesundheit und hilft dem System zurück in die Balance. Wir brauchen die Balance, um mit Leichtigkeit und Freude manifestieren zu können. Mach nachts dein WLAN aus, schalte dein Handy auf Flugmodus, schlafe nicht neben dem Handy oder anderen elektrischen Geräten. Dunkle den Raum ab, gib deinem Körper Ruhe. Wir schlafen getrennt von Mama Erde und das nimmt uns viel von unserer Kraft.

Mit diesen kleinen Veränderungen können wir unserem Körper wieder einen Teil der verlorenen Verbindung zurückgeben. Wir benötigen Mama Erde zum Glücklichsein. Fang heute damit an und tauche tief in ihre unendliche Liebe ein.

Quick-Fix 6

Liebe machen mit dem Leben

Um leicht manifestieren zu können, müssen wir glücklich sein. Wir müssen Freude fühlen und leben. Wenn wir anderen Menschen helfen, wird in uns automatisch ein Glücksgefühl freigesetzt. Deshalb gewinnen bei ehrenamtlichem Engagement immer beide: du und die anderen. Und das erhöht deine Fähigkeit, mehr Liebe, Freude und Fülle zu manifestieren. Denn anderen zu helfen und aus dem Herzen zu geben, erhöht deine Schwingung und das stärkt sofort all deine Manifestationen.

Wo kannst du helfen? Was würde dir am meisten Freude bereiten? Hunde im Tierheim ausführen? Kinderprojekte unterstützen? Den älteren Nachbarn im Garten oder beim Einkauf helfen? Helfen darf leicht sein, Freude machen und dein Herz nähren. Darum geht es. Freude und Liebe schenken und auch zurückzuerhalten.

Wenn wir aktiv helfen, anstatt nur passiv Geld zu spenden, hat das eine ganz andere Wirkung auf unsere Gefühlslage. Es gibt unserem Leben Sinn, denn wir tun etwas, das anderen hilft.

So viele Menschen fragen sich nach dem Sinn ihres Lebens, nach ihrer Bestimmung und ihrem Seelenplan. Doch bis man diese entdeckt, dauert es oft ein wenig. Und auch hier gilt, dass man eine hohe Schwingung braucht, um seinen Seelenplan zu verstehen und zu leben. Für andere da sein und selbstlos geben, öffnet dein Herz, zaubert dir ein Lächeln ins Gesicht und bringt dich in den Flow des Lebens. Denn Leben bedeutet Miteinander.

Nimm dir eine Stunde Zeit und erkunde, was du tun willst. Tiere, Kinder, Senioren, alleinerziehende Mütter oder Mama Erde? Es gibt unendliche Möglichkeiten. Wähle den Bereich, der dich am meisten erfüllt. Dann suche die Hilfsorganisation heraus, die dazu passt oder die Menschen, denen du deine Hilfe anbieten möchtest. Und dann fang an. Du wirst schon nach dem ersten Monat spüren, wie positiv sich diese „Arbeit" auf dein Herz, deine Stimmung und deinen Flow auswirkt.

Notizen

Step 2

Ein leichter Weg, um Manifestationsblockaden zu finden

1. Wo kommen deine Manifestationsblockaden her?
2. So findest du deine Manifestationsblockaden
3. Die Manifestationsblockaden deiner Ahnen
4. Das Ego liebt unsere Manifestationsblockaden
5. Deine Kommunikation mit deinem Unterbewusstsein: Das Körperpendel

Ein leichter Weg, um Manifestationsblockaden zu finden

Damit du deine Manifestationskraft bewusst nutzen kannst, müssen die Energien zwischen deinen drei Manifestations-Power-Zentren frei fließen können.

Das Einzige, das zwischen dir und dem Angehen deiner kühnsten Träume steht, sind deine Blockaden. Und bevor wir diese lösen können, musst du im ersten Schritt erst einmal verstehen, was Blockaden sind, woher sie kommen, warum du sie hast und wieso du sie bisher behalten hast.

Verstehen wir diese essenziellen Fragen nicht, können wir unsere Blockaden nicht in der Tiefe und auch nicht dauerhaft lösen. Sie gehen dann nur kurzfristig durch ein paar Tricks und Kniffe, wie die Quick-Fixes beim Manifestieren, weg, doch kommen wieder und können deine Manifestationskraft dauerhaft blockieren und somit deine größten Wünsche unerreichbar machen.

Umgekehrt bedeutet dies aber auch, dass wenn du deine Blockaden kennst, dann weißt du, wo sie herkommen, warum du sie hast und warum du sie behältst. Dann kannst du sie ganz einfach auflösen. Ja, einfach. Und zwar mit der Magie der Schöpferkraft, der Anbindung über das Tor zum Himmel und der Kraft deines Herzens, die über das elektromagnetische Feld des Herzens deine Energie nach außen sendet.

Das Herz hat eine enorme Heilkraft, die dir in jeder spirituellen Richtung bestätigt wird. Doch heute haben wir auch die Wissenschaft, die dies bestätigt. So beschäftigt sich etwa das HeartMath-Institut seit vielen Jahren mit dem elektromagnetischen Feld des Herzens und seiner Auswirkung auf unser Leben und unsere Gesundheit.

Schauen wir uns nun im ersten Schritt erst einmal an, was Blockaden sind.

1. Wo kommen deine Manifestationsblockaden her?

Manifestationsblockaden verhindern die Realisierung unserer Manifestationen. Sicherlich kennst du das, wenn du einen Wunsch hast und du dir vorstellst, wie toll es wäre, wenn er wahr werden würde. Du kannst fühlen, wie glücklich dich das machen würde und du spürst Dankbarkeit. Vielleicht machst du auch einen Freudentanz, das ist tatsächlich etwas sehr Kraftvolles, was auch Urvölker tun. Du bist voller guter Dinge, doch es passiert nichts. Der Wunsch wird nicht wahr.

Generell kann man sagen, dass wenn ein Wunsch nicht innerhalb von ein paar Tagen, Wochen oder Monaten wahr wird, dann hast du tief in deinem Unterbewusstsein Blockaden, die die Realisierung deines Wunsches verhindern. Sprich, er kann sich nicht materialisieren und vom Gedanken zur Materie werden. Denn Manifestieren ist im Grunde das Materialisieren von schönen Gedanken.

Blockaden sind zuallererst immer energetischer Art und können, wenn sie über viele Jahre bestehen, auch zu körperlichen Beschwerden und Krankheiten führen. Wenn wir unsere eigenen Bedürfnisse zu lange ignorieren, die Liebe nicht durch uns fließen lassen und unglücklich sind, manifestieren sich auch Krankheiten. So hat jede Krankheit immer eine tiefe Botschaft. Wie zuvor schon angesprochen, manifestieren wir durch unsere Gedanken und Emotionen pausenlos.

Tragen wir zu viele Emotionen wie Wut, Angst, Trauer, Überforderung und Stress in uns, dann manifestieren sich diese in Form von Gedanken. Es entstehen negative Gedankenmuster und Glaubenssätze.

Jede Emotion trägt eine bestimmte Energie. Sie versetzt unseren kompletten Körper und auch den Energiekörper in eine Schwingung, die wir dann aussenden. Alles, was wir aussenden, muss sich zwangsläufig manifestieren. Denn was wir aussenden, sucht ganz automatisch Resonanz im Universum und der Außenwelt. Diese Resonanz wird immer gefunden.

Wenn du in deinem Leben oft traurig, wütend, genervt, enttäuscht oder neidisch bist, dann können schöne Manifestationen nicht oder nur sehr langsam passieren. Wir können nur manifestieren, was mit unserer Energie in Einklang geht. Deshalb sind die Quick-Fixes, die ich dir gezeigt habe, so wichtig.

Doch die Qualität unserer tagtäglichen Emotionen wird nicht von unserem Bewusstsein bestimmt, sondern unserem Unterbewusstsein. Und welche Emotionen von deinem Unterbewusstsein getriggert werden, entscheidet sich aufgrund deiner Lebensgeschichte, insbesondere deiner Kindheit, und auch aufgrund der Erfahrungen deiner Ahnenlinie.

Jede nicht geheilte Verletzung ist wie ein Energieball in unserem Körper. Energie, die umherspringt oder in Teilen auch an bestimmten Organen festklebt und den natürlichen Flow unserer Manifestationsenergie blockiert. Es kommt zum Energiestau oder zähfließender Energie.

Die Lösung besteht darin, deine Verletzungen anzusehen, zu heilen und dich dadurch in der Tiefe zu transformieren. Denn wenn wir unsere alten Verletzungen ansehen, annehmen und in Liebe einhüllen, dann wachsen wir. Wir wachsen über uns hinaus und finden zurück in die Liebe zu uns selbst.

Die Wichtigkeit des Lösens von Blockaden und der Heilung alter Verletzungen, die die Ursache der Blockaden sind, wird beim Manifestieren oft vergessen. Doch es gibt zwei Seiten einer Medaille: Das Erschaffen hoher Energie und das Heilen alter Verletzungen sind zwei gleich wichtige Aspekte des Manifestierens.

2. So findest du deine Manifestationsblockaden

Jedes Ereignis in deiner Kindheit, was dir Angst gemacht hat, ist tief in dein Unterbewusstsein eingeprägt. Genauso wie die Ereignisse, die dir das Gefühl gegeben haben, dass du nicht sicher bist oder nicht genug geliebt wirst. Diese Momente sind kritisch in unserem Leben, denn solange sie nicht geheilt werden, blockieren sie unseren Flow der Manifestationsenergie. So kommen wir nur langsam im Leben voran und glauben teilweise gar nicht mehr daran, dass es möglich ist, unsere kühnsten Träume zu verwirklichen. Ein klares Zeichen für tiefe Manifestationsblockaden, die es zu lösen gilt.

Frage dich:

- Gibt es Ereignisse in deiner Kindheit, die dir Angst gemacht haben?
- Hast du traumatische Ereignisse in deiner Kindheit erlebt?
- Wurdest du geschlagen, angeschrien oder weinend alleine gelassen?
- Hattest du das Gefühl, dass Mama oder Papa dich nicht lieben?
- Haben deine Eltern sich geschieden oder oft gestritten?
- Wie glücklich waren deine Eltern und was haben sie dir vorgelebt?
- Bist du immer in den Arm genommen worden, wenn du es brauchtest?
- Hat man mit dir gespielt?
- Hat man dir das Gefühl gegeben, dass du wertvoll bist?
- Gab es Liebe, die frei von Bedingungen war oder war sie zum Beispiel an Leistung geknüpft?
- Warst du ein echtes Wunschkind oder hat man dich bekommen, weil Kinder halt dazugehören?
- Hatte deine Mama eigentlich etwas anderes vor, zum Beispiel eine Karriere?
- Wollten Mama und Papa dich?
- Gab es Seitensprünge, Affären oder On-off-Beziehungen?
- War deine Mama mental, emotional und körperlich gesund?
- Gab es Krankheiten wie Depression in der Familie?
- Wer hat sich um dich gekümmert und wie hast du dich dabei gefühlt?
- Wie war deine Geburt?
- Wie war die Schwangerschaft für deine Mutter?

- Hast du einen verlorenen Zwilling?
- Hat deine Mutter über eine Abtreibung nachgedacht, als sie mit dir schwanger war?
- War deine Mama glücklich, bevor sie schwanger wurde und während der Schwangerschaft?
- Gab es finanzielle Schwierigkeiten?
- Wie hat sich deine Mama mit ihrer Mutter und ihrer Schwiegermutter verstanden?
- Welche Streitigkeiten gab es in der Familie?
- Hast du Geschwister und wie hat sich deine/ihre Geburt auf deine Eltern und das Verhältnis zu dir ausgewirkt?

All das läuft auf bestimmte Lebensmuster hinaus und das wirklich Wichtige ist, dass sich all dies heilen lässt. Hier schon einmal die wichtigen Lebensmuster, die dadurch entstehen können:

- „Ich bin nicht sicher."
- „Ich bin nicht wichtig."
- „Ich bin nicht wertvoll."
- „Ich bin nicht genug."
- „Ich bin nicht geliebt."
- „Es ist mein Fehler, dass..."

Wie du dir vorstellen kannst, sind diese Glaubenssätze große Manifestationsblockaden. Doch mehr noch, es sind nicht nur Sätze. Wir glauben oft, dass man diese Glaubenssätze mit ein paar einfachen Tricks aus dem Unterbewusstsein löschen kann. Ganz so einfach ist es nicht, sonst wären wir ja alle bereits glücklich.

Um diese falschen Vorstellungen des Unterbewusstseins zu heilen, brauchen wir die Kraft des Herzens. Denn der Kopf mit dem Verstand kann diese Muster nicht lösen. Nur die Liebe kann diese Muster aus unserem Herzen, unserem Gewebe, unserer Yoni und Gebärmutter, unseren Energiebahnen und Energiefeldern lösen. Es ist die große Aufgabe in unserem Leben, unser Herz zu heilen und wieder spüren zu können, dass wir Liebe sind und schon immer Liebe waren. Letztlich können wir mit dieser Kraft unendliche Schönheit und Fülle manifestieren.

Auf unserer gemeinsamen Reise hier werden wir tief in das Freilegen deiner Manifestationsenergie eintauchen, was das Heilen deiner Blockaden beinhaltet.

Bevor wir nun weitergehen, bitte ich dich, dir eine viertel Stunde Zeit zu nehmen und deine tiefsten Verletzungen aufzuschreiben. Mehr nicht. Ohne Details, ohne Wertung. Schlichtweg als Stichpunkte, neutral formuliert. Dann hast du einen Überblick.

Zünde eine Kerze an, stell dir Blumen hin, setz dich an deinen Altar oder in die Natur. Bitte die Schöpfung, dich bei dieser Sammlung deiner Verletzungen zu unterstützen. Und bitte Mama Erde darum, dir Halt zu geben, damit du nicht in Trauer oder Drama verfällst. Drama nützt keinem und erschafft nur zusätzliches vermeidbares Leid.

Je mehr auf deiner Liste steht und je gravierender es ist, desto mehr Arbeit ist nötig. Doch ganz egal, wo du deine Reise beginnst: Fülle und Liebe ist für jeden möglich. Wir haben jederzeit die Wahl, ob wir im Leid und Drama versinken oder in die Liebe und Leichtigkeit gehen wollen.

Wir können an jedem Tag und zu jeder Stunde unser altes Leid bewusst loslassen, denn es ist vorbei. Und wir können an jedem Tag und zu jeder Stunde bewusst in die liebende Energie von Mama Erde, der Schöpfung und unserer eigenen Seele eintauchen und dem Flow des Lebens wieder vertrauen. Das bedeutet Arbeit, ja. Aber es ist vielmehr eine bewusste Entscheidung und Veränderung unseres Verhaltens.

Heilen bedeutet:

1. Frieden mit der Vergangenheit schließen.
2. Unsere Erwartungen an uns selbst und andere loslassen.
3. Liebe leben und jeden Tag mit Freude füllen.

Die Belohnung für diese Transformation ist unermesslich: tiefes Glück, Einheit mit der Schöpfung, kinderleichtes Manifestieren von Fülle und eine tiefe Ruhe und Frieden in dir selbst.

Transformation bedeutet manchmal, die Hölle zu sehen und doch wieder in den Himmel zu gelangen. Wenn wir das tun, ist das Tor zur Schöpfung weit offen und die bedingungslose Liebe der Schöpfung erfüllt unser Leben mit unendlicher Freude, Leichtigkeit und Fülle. In diesem Buch gehen wir allerdings bezüglich Transformation nicht in die Tiefe, denn der Fokus liegt auf der Manifestationskraft.

Wenn du mehr über wahre Transformation erfahren möchtest, schaue auf meiner Website vorbei.

3. Die Manifestationsblockaden deiner Ahnen

Du bist der Spross deiner Ahnenlinie. Du trägst das Erbe fort. Erbe ist nicht nur das, was wir materiell erben. Wir, in der westlichen Zivilisation, haben den wahren Blick auf das Wort „Erbe" verloren. Unser Erbe ist das, was wir von unserer Familienlinie fortführen. Wie wir leben und wie und ob wir Liebe werden. Unsere Aufgabe auf Erden besteht immer auch darin, Heilung in unsere Ahnenlinie zu bringen und die Verletzungen zu befrieden. Altes Familienkarma zu begleichen, Familienwunden zu heilen und die Energien in Harmonie zu bringen.

Für uns Frauen bedeutet dies oft, die Vergewaltigungen der Frauen, die im Krieg und auch die Folter und Morde, die zur Zeit der Hexenverfolgung passiert sind, in uns selbst zu heilen. Wir tragen die Verletzungen unserer Ahninnen in uns.

Es ist für unsere Welt heute sehr wichtig, die weiblichen und männlichen Energien in uns selbst zu heilen, denn dies ist der Krieg, der auch im Außen gerade tobt. Das schauen wir uns näher im Kapitel zum Schoßraum an, denn hier werden alle alten Verletzungen der Ahnenlinie gespeichert und limitieren so deine Manifestationskraft.

Um zu verstehen, ob und welche Manifestationsblockaden von deiner Ahnenlinie deine Manifestationskraft beeinflussen, kannst du dich mit diesen Fragen beschäftigen:

- Waren deine Eltern oder Großeltern im Krieg?
  Jede Ahnenlinie hat Krieg erlebt, doch je näher er an dir ist, desto größer ist die Auswirkung auf dich.
- Haben deine Eltern oder Großeltern Vertreibung und Enteignungen erlebt?
- Haben deine Eltern oder Großeltern Geld verloren, geraubt bekommen oder verspielt?
- Haben deine Eltern oder Großeltern Missbrauch und Gewalt erlebt?

Wenn du auch nur eine dieser Fragen mit Ja beantworten kannst, ist klar, dass Heilung auf der Ahnenebene stattfinden sollte. Diese Erlebnisse sind gravierend, die Verletzungen werden vererbt und von Kindern oft nachgestellt.

Teilweise wird eine Generation übersprungen. Das Thema der Ahnenheilung und Blockaden, die wir von der Ahnenlinie übernehmen ist groß und komplex. Prüfe deine Herzenswünsche auf mögliche Komplikationen, die durch deine Ahnenlinie entstehen können.

Ein Beispiel ist, dass wenn du dir eine glückliche Beziehung wünschst, aber deine Eltern oder deine Großeltern unglücklich waren, dann wird es für dich nicht einfach, diese glückliche Beziehung zu bekommen. Du trägst die Liebesmuster deiner Ahnen und in diesem Fall sind es dann Liebesblockaden. Hier muss also auch zunächst Heilung auf der Ahnenebene passieren, bevor du diesen Wunsch manifestieren kannst.

Oder wenn du dir Geld und finanzielle Freiheit manifestieren möchtest, aber dein Vater das Geld der Familie verzockt hat oder deine Großeltern im Krieg fliehen mussten und ihr Hab und Gut verloren haben, wirst du nur schwer Geld, Haus und finanzielle Freiheit manifestieren können. Hier muss dann zuerst eine Ahnenheilung in Bezug auf Geld und Fülle erfolgen.

Nimm dir jetzt ein bis zwei Stunden, um all deine Wünsche unter die Lupe zu nehmen. Nur wenn du die möglichen Stolpersteine deiner Ahnenlinie kennst, wirst du sie auflösen können. Wissen ist Macht. Es gibt uns die Macht, unsere Zukunft aktiv zu gestalten, indem wir schlichtweg die alten Muster der Ahnenlinie in uns beenden und für die Fülle sorgen, die wir ersehnen. Dadurch passiert Heilung für uns und für unserer Ahnenlinie. Tatsächlich ist dies ein Geschenk, das du deiner Ahnenlinie machst.

Jeder Wunsch, den du dir erfüllst, füllt deine Ahnenlinie mit Liebe, Kraft und Frieden, denn jeder erfüllte Wunsch ist ein Ausdruck deiner Schöpferenergie.

Nun hast du einen guten Einblick in das, was deine Manifestationen blockieren kann. Und wie zuvor erwähnt, wann immer ein Wunsch nicht innerhalb einer realistischen Umsetzungszeit wahr wird, haben wir bestimmte Blockaden. Dies ist kein Beinbruch, es ist schlichtweg die Einladung deiner Seele, diese alten Verletzungen zu heilen und somit der Schöpfung näherzukommen und dich an deine wahre Kraft zu erinnern. Es ist die Einladung, noch mehr Liebe durch dich fließen zu lassen und deine Manifestationskraft freizulegen.

4. Das Ego liebt unsere Manifestationsblockaden

Was in puncto Blockaden dann noch bedeutungsvoll ist, ist die Frage: Warum hast du sie und warum behältst du sie?

Diese Frage hat zwei Aspekte:

- **Warum hast du diese Manifestationsblockaden überhaupt?**
- **Warum behältst du diese Blockaden?**

Man könnte denken, dass wir das, was wir nicht brauchen oder was uns schadet, einfach so loslassen würden. Und so ist es auch. Unser Unterbewusstsein lässt genau das los, was es nicht mehr braucht. Und das Unterbewusstsein behält alles, was es noch braucht.

Wenn dein Unterbewusstsein Blockaden hat, dann aus nur einem einzigen Grund, und zwar sind diese Blockaden für dein Unterbewusstsein wichtig und sinnvoll.

Dazu muss man nun verstehen, wie das Unterbewusstsein funktioniert. Hier könnten wir nun stundenlang darüber reden, aber auf den Punkt gebracht ist es Folgendes:

- Dein Unterbewusstsein hat die Aufgabe, dich am Leben zu halten. Es hat kein anderes Anliegen. Es interessiert sich nicht für dein Glück oder deine Manifestationen. Es interessiert sich ausschließlich für dein Überleben.
- Wenn eine Manifestation aus Sicht deines Unterbewusstseins dein Überleben gefährden könnte, wird diese mit allen Mitteln bekämpft. Ob ein Wunsch aus Sicht des Unterbewusstseins gefährlich ist, entscheidet es auf Basis deiner im Kindesalter erlernten Muster. Dazu nutzt es primär die Muster, die bei Verletzungen und Trauma entstanden sind.
- Nur wenn das Unterbewusstsein davon überzeugt werden kann, dass diese Manifestation (also das Endergebnis deines ganzen Tuns und Manifestierens) sicher ist, wird es aufhören, dich zu blockieren.
- Je mehr Verletzungen in der Vergangenheit liegen, desto mehr ist aufzuräumen. Heilt man die Verletzungen nicht, wird das Unterbewusstsein immer auf Basis dieser Verletzungen entscheiden, was es dir in der Zukunft erlaubt und was nicht.

Du siehst, dass es essenziell wichtig ist, alte Verletzungen tatsächlich zu heilen, da du dich sonst im Kreis drehst.

Heilung bedeutet, zu verstehen, anzunehmen, Frieden zu machen und Liebe zu leben. Also den Tag mit Freude füllen und akzeptieren, dass die Vergangenheit vielleicht nicht schön war. Wie du diesen Frieden findest und tatsächlich Heilung erschaffst, schauen wir uns Schritt für Schritt an.

Das riesige Geschenk dieses Vorangehens auf deinem Lebensweg ist eine unendliche Manifestationskraft, die freigesetzt wird und Wünsche, die noch so viel schöner sind als alles, was du dir vorstellen kannst.

Du hast nun einen kleinen Einblick bekommen, warum du bestimmte Manifestationsblockaden haben wirst. Schauen wir uns die spannendere Frage an, und zwar, warum du diese behältst.

Wir können unser Unterbewusstsein immer vom Gegenteil überzeugen. Das Unterbewusstsein ist zwar unser Ego, es ist aber durchaus bereit, seine Meinung von heute auf morgen zu verändern. Es ist also nicht stur, starr oder festgefahren. Es ist hochflexibel. Das muss es sein, um uns am Leben zu halten.

Wenn dein Unterbewusstsein realisiert, dass dein Wunsch nicht gefährlich ist und zu keinen weiteren Verletzungen führt, macht es Platz. Es hört mit dem Boykott deiner Manifestationskraft auf. Das ist riesig. Damit kann deine Manifestationskraft wieder fließen.

Dein Unterbewusstsein wird deine Manifestationen in der Regel nicht unterstützen, daran hat es kein Interesse. Mit einer Ausnahme: Wenn das Unterbewusstsein glaubt, dass etwas für dein Überleben wichtig ist, wird es alles tun, damit sich dies in deinem Leben manifestiert.

Das, was dein Unterbewusstsein will, ist nie das gleiche wie dein Herz. Denn das Unterbewusstsein reagiert aus dem Mangel „Ich muss dich am Leben halten" und das Herz agiert aus der Fülle „Ich will noch mehr Liebe erschaffen".

Wir haben hier also zwei elementare Unterschiede:

1. **Aktion des Herzens versus Reaktion des Unterbewusstseins.**
2. **Fülle und Liebe erschaffen des Herzens versus Schutz vor Leid durch das Unterbewusstsein.**

Warum behalten wir also unsere ungesunden Sabotagemuster? Warum können wir sie nicht einfach abwerfen? Aus Angst. Sie schützen uns vor einer Zukunft, vor der wir Angst haben. Denn aus Sicht des Unterbewusstseins ist Veränderung gefährlich. Und wenn jemand viele Verletzungen oder traumatisierende Ereignisse erlebt hat, dann ist das Unterbewusstsein hochsensibel bezüglich Veränderung.

Das Unterbewusstsein kennt dich und deine Vergangenheit und es weiß, was dich am Leben hält. Da du noch lebst, hat alles, was es getan hat, funktioniert. Und das bedeutet aus der Sicht des Unterbewusstseins, dass hier nichts geändert wird. Alles muss idealerweise so bleiben, wie es ist. Aus Sicht des Unterbewusstseins sind große Veränderungen im Außen lebensgefährlich und je gravierender deine Verletzungen sind, desto kritischer ist dein Unterbewusstsein und reagiert mit Gegenmaßnahmen wie Manifestationsblockaden.

Die Frage, warum wir unsere Blockaden noch behalten, geht sehr tief. Für den Moment belasse ich es aber hierbei. Denn es ist Zeit, weiter zu schauen. Es ist Zeit, damit zu beginnen, deine Manifestationskraft in Schwung zu bringen.

Wenn du tief gehen möchtest, kannst du dir den Onlinekurs „Innere Blockaden erkennen und auflösen" auf meiner Website ansehen.

5. Deine Kommunikation mit deinem Unterbewusstsein: Das Körperpendel

Das Körperpendel ist außerordentlich hilfreich beim Manifestieren und beim Treffen von Entscheidungen. Es zeigt dir genau, wo die Limitationen des Unterbewusstseins liegen, also wo du versteckte Ängste und Blockaden hast. Und wenn du sie gefunden hast, kannst du sie auflösen. Das Körperpendel ist ein ideales Werkzeug, um Blockaden aufzuspüren, indem wir sie austesten.

Das Körperpendel ist ein Weg, um mit deinem Unterbewusstsein zu kommunizieren. Es kann dir Antworten des Unterbewusstseins geben. Genauer gesagt zwei Antworten: Ja oder Nein. Du kannst mithilfe des Körperpendels also alle möglichen geschlossenen Fragen stellen. Das macht das Körperpendel zu einem unendlich wertvollen Tool. Unser Körper zeigt uns immer wieder, wie wertvoll die Verbindung zwischen Körper, Geist und Seele ist und was es für Wunder zu entdecken gibt.

Wie funktioniert das Körperpendel?

Stell dich aufrecht hin, mit entspannten Knien. Lass die Arme an den Seiten entspannt hängen. Wenn du Stress und Anspannung spürst, dann bewege dich zuerst etwas. Du kannst etwa die Arme samt Oberkörper von links nach rechts schwingen lassen, dich ausschütteln oder etwas dehnen. Und dann komm wieder in die Ausgangsposition: stehend, entspannte Knie, Arme an den Seiten herunterhängend.

Nimm dir in dieser Position einen Moment Zeit. Spüre deinen Körper. Viele Menschen leben im Kopf, aber wenn wir den Körper nutzen wollen, um Antworten des Unterbewusstseins zu bekommen, müssen wir unseren Körper spüren. Daher nimm dir einen Moment zum Ankommen. Ankommen bei dir, in deinem Körper. Atme bewusst in deinen Bauch, spüre dem Weg des Atems nach. Komm ins Hier und Jetzt.

Und dann werden wir Fragen an unseren Körper stellen. Genauer gesagt, Glaubenssätze, Gedanken und Überzeugungen des Unterbewusstseins austesten. Dabei ist wichtig zu verstehen: Wir testen nicht auf Wahrheit. Wir testen nicht, ob es richtig oder falsch ist. Und wir testen auch nicht darauf, was du tun sollst oder was das Beste für dich ist.

Das Körperpendel ist ausschließlich dazu da, um zu verstehen, was das Unterbewusstsein glaubt. Da das Unterbewusstsein aber nicht immer recht hat, können die Antworten des Unterbewusstseins stark von der tatsächlichen Wahrheit, deiner Wahrheit, der Wahrheit der Schöpfung und der Wahrheit deiner Seele abweichen. Und das ist in Ordnung, denn genau das möchten wir hiermit herausfinden.

Jede Abweichung, also jede Fehlannahme deines Unterbewusstseins, führt zu Manifestationsblockaden und genau diese wollen wir finden, damit du sie auflösen kannst.

Bevor du das Körperpendel zum Austesten von Blockaden nutzen kannst, musst du es erst verinnerlichen. Das heißt: verstehen, wie es funktioniert. Und im zweiten Schritt die Anwendung so gut beherrschen, dass du dich immer auf seine Aussagen verlassen kannst. Sprich, es richtig interpretieren und zuverlässig benutzen kannst.

Stell dich also wie oben beschrieben hin. Und sage laut „Ja".

Was passiert in deinem Körper? Er wird sich bewegen. Und bei 99,9 % aller Menschen wird sich der Körper ganz leicht nach vorn bewegen. Diese Vorwärtsbewegung ist nicht groß. Du kommst nicht ins Stolpern, du fällst auch nicht aus der Balance. Dein Körper kippt einfach ein klein wenig vor. Wie auf einer Wippe. Wenn du also ruhig stehst, dann „Ja" sagst, wiegt sich dein Körper automatisch etwas nach vorn. Und weil unser Körper immer ganz natürlich in die Balance zurückgeht, wenn wir ihn lassen, geht dein Körper danach wieder zurück in deine natürliche Mitte.

Du wirst also „Ja" sagen und spüren, wie dein Körper ein klein wenig nach vorn und dann wieder zurückkippt. Sobald du spürst, dass dein Körper sich nach vorn neigt, kannst du auch bewusst gegensteuern und zurück in deine Mitte, in die Balance gehen. Es geht nur um den ersten Impuls.

Mach dies zwanzig- bis dreißigmal und spüre hinein. Spüre deinen Körper und seine Interaktion mit deinen Worten. Beobachte dabei deine Gedanken. Es ist wichtig, deine Gedanken nicht abschweifen zu lassen, denn dein Körper reagiert auf jeden deiner Gedanken. Wenn du also „Ja" sagst, ist dies schlichtweg ein verbalisierter Gedanke. Ein Gedanke, dem du deine Stimme gegeben hast.

Wenn du gleichzeitig denkst, dass du die Wäsche noch machen musst, dass es hoffentlich klappt, weil du endlich deinen Wunsch erfüllt haben willst, wann du morgen anfangen musst zu arbeiten, oder ob noch Essen im Kühlschrank ist, dann ist dein System mit Gedanken überladen und es wird unklar, was du gerade testest. Konzentriere dich auf das, was du tust. Dieser Muskeltest braucht Präsenz, wie so vieles im Leben.

Ich habe oben geschrieben, dass bei 99,9 % aller Menschen bei einem „Ja" das Körperpendel nach vorn geht. Was ist bei den 0,01 % anders? Da geht es nach hinten. Ich habe Tausende Menschen in Seminaren und Onlinetrainings ausgebildet und dabei hatte ich nur zweimal den Fall, dass das Körperpendel nach hinten ging. In beiden Fällen lag das an tief verwurzelten Glaubenssätzen, die besagten: „Ich muss anders sein als andere, damit ich gesehen und geliebt werde". Also der Zwang, besonders sein zu müssen, in der Hoffnung des Unterbewusstseins Aufmerksamkeit als Form der Liebe zu erhalten. Man kann dies ändern, indem man dieses tiefe Muster des „nicht genug sein" und „nicht geliebt werden" heilt. Das schauen wir uns in einem späteren Kapitel noch an. Für den Moment akzeptierst du diesen Ausnahmefall einfach so, wie er gerade ist. Dann geht dein „Ja" eben nach hinten. Es geht erst einmal nur darum, ein Grundsetting für die Kommunikation mit deinem Unterbewusstsein zu erschaffen. Praktiziere das Ganze mindestens zwanzig- bis dreißigmal, um Sicherheit im Umgang zu finden.

Wenn du dich mit dem Testen des „Ja" vertraut gemacht hast, testen wir nun auch, wie sich ein „Nein" anfühlt.

Stell dich wieder hin. Arme und Beine entspannt. Gedanken im Hier und Jetzt. Sage laut „Nein". Fokussiere dich auf das „Nein". Beobachte deinen Körper. Er wird sich ganz leicht nach hinten bewegen. Auch bei der Rückwärtsbewegung ist es nur eine kleine, feine, sachte Bewegung. Du wirst nicht umfallen. Es gibt keinen Grund für übertriebene Bewegungen. Wenn die Bewegung recht stark ist, dann stoppst du sie einfach wieder. Lass deinen Körper wieder zurück in die Mitte finden. Entweder er pendelt allein zurück in die Mitte (also nach vorn) oder du steuerst gegen. Mach dies bewusst und präsent ebenfalls zwanzig- bis dreißigmal. Wie fühlt es sich an? Was ist anders als beim Vorwärtswippen?

Es ist wichtig beim Etablieren dieses Muskeltests langsam vorzugehen. Stabilität ist wichtig. Teste nun für eine Weile abwechselnd dein „Ja" und „Nein". Schlichtweg indem du „Ja" sagst, beobachtest, wie dein Körper pendelt und dann wieder in die Mitte geht. Und dann testest du dein „Nein". Hin und her, gern auch gemixt, zum Beispiel „Ja, Ja, Nein, Ja, Nein, Nein, Nein, Ja, Nein, Ja, Ja". Es geht darum, ein Feingefühl für deine Körperbewegungen zu entwickeln.

Je nachdem, wie sehr du im Kopf lebst, kann das herausfordernd sein, doch es ist tatsächlich nur eine Sache der Übung.

Wenn du Probleme bei der Umsetzung hast, liegt es immer daran, dass du andere Gedanken im Kopf hast und nicht im Moment oder nicht im Körper bist. Dann hilft es, deinen Körper zu schütteln, zu springen, toben, tanzen, dehnen und dann zum Testen zurückzukommen. Manche brauchen zehn Minuten bis sie dem Körperpendel vertrauen können und solide Antworten bekommen, andere brauchen fünf Stunden. Jeder hat hier eine andere Ausgangsbasis. Vertraue dir und erlaube die Interaktion mit deinem Körper.

Manchmal möchten wir die Ergebnisse auch verfälschen. Das liegt an der Angst davor, die Wahrheit über uns zu sehen. Doch erinnere dich daran, dass das Körperpendel dir nicht sagt, wer du bist. Das Körperpendel sagt dir nur, was das Unterbewusstsein glaubt. Das Körperpendel ist nur dafür da, dir deine Blockaden, also die Fehlannahmen des Unterbewusstseins zu zeigen, damit du sie auflösen kannst.

Wenn dein „Ja" und dein „Nein" sicher sind, du den Antworten vertraust und du die Bewegungen des Körpers gut spüren kannst, geht es weiter. Solange du diese Bewegung nicht spüren kannst und Unsicherheiten da sind, übe weiter. Du kannst nicht mit Schritt drei beginnen, bevor Schritt eins und zwei abgeschlossen sind.

Im nächsten Schritt testen wir Tatsachen. Das hilft dir, Vertrauen in das Körperpendel und dessen Aussagen zu entwickeln.
Teste diese Aussagen:

- Ich bin eine Frau.
- Ich bin ein Mann.
- Ich wohne aktuell in (dein Heimatort).
- Ich arbeite als (dein Beruf).
- Mein Name ist (dein echter Name und gegebenenfalls auch dein Spitzname).

Diese Aussagen haben eindeutige Antworten. Schauen wir es uns an! Wenn ich den Satz „Ich bin eine Frau" laut sage, wird mein Körper sich sanft nach vorn bewegen. Denn mein Unterbewusstsein weiß, dass ich eine Frau bin. In Ausnahmefällen kann es hier zu gegenläufigen Antworten des Unterbewusstseins kommen. Meist passiert das, wenn du eine Frau bist, aber keine Frau sein möchtest, weil du eventuell Missbrauch erlebt hast.

Wenn ich hingegen den Satz „Ich bin ein Mann" teste, wird mein Unterbewusstsein sich sanft nach hinten bewegen, denn ich bin kein Mann. Beachte, dass das Unterbewusstsein im Tool des Körperpendels nur die Möglichkeit zwischen „Ja" oder „Nein" hat. Es erklärt dir nichts. Es sagt lediglich:

„Ja, das sehe ich auch so" oder „Nein, das ist nicht meine Wahrheit".

Das „Ja" und „Nein" sind also die Meinung des Unterbewusstseins. Ich wiederhole das so oft, weil das gern vergessen wird. Vor allem, wenn wir später Aussagen testen, die einem nicht gefallen. Es geht nicht um die Wahrheit der Schöpfung, die Wahrheit der Seele oder deines Verstandes.

Dieser Muskeltest in Form des Körperpendels zeigt schlichtweg, was aus Sicht des Unterbewusstseins die Wahrheit ist. Und genauso wie der Verstand eine Meinung hat, hat auch das Unterbewusstsein eine Meinung dazu, was die Wahrheit ist und liegt damit oft falsch. Mehr nicht. Machen wir das nicht größer, als es ist.

Nutze das Körperpendel also weise und vermeide das Drama des Egos, dann ist das Leben schlichtweg einfacher und freudvoller. Freu dich darüber, die Muster des Unterbewusstseins entdecken zu können, anstatt dich für die Muster des Unterbewusstseins zu bewerten. Du bist nicht dein Unterbewusstsein. Dein Unterbewusstsein beeinflusst aber dein Leben und daher wollen wir diese Muster verändern.

Teste die oben genannten Aussagen immer wieder, bis du absolute Sicherheit beim Testen hast. Ergänze Dinge wie „Mein aktueller Partner heißt ...", „Ich habe (Anzahl) Kinder", „Ich bin am (Datum) geboren", „Ich bin in (Ort) geboren". Teste wahre und falsche Aussagen.

Und lerne zu verstehen, dass nach vorn gehen nicht gut und nach hinten gehen nicht schlecht ist. Das Körperpendel wertet nicht. Wenn ich teste „Ich bin ein Mann", geht mein Körper nach hinten und sagt damit „Nein". Wenn ich teste „Ich bin eine Frau", geht mein Körper nach vorn und sagt damit „Ja". Das ist keine Wertung, sondern eine reine Bestandsaufnahme.

Das ist für später wichtig zu verstehen, denn wir werden auch Aussagen testen wie: „Ich bin liebenswert" und „Ich bin wertvoll". Da kommen natürlich Emotionen hoch, denn wenn dein Unterbewusstsein hier nach hinten geht, gehen die Alarmglocken des Verstandes los, der sagt: „Doch klar bin ich wertvoll, solch ein Unfug!" Genau hier ist es wichtig, vorher ausreichend Praxis erlebt zu haben, dass keine Verwirrung entsteht.

- ***Das Körperpendel bewertet nicht.***
- ***Es sagt nur „Ja, das ist die Sicht des Unterbewusstseins" und „Nein, aus Sicht des Unterbewusstseins stimmt das nicht".***

So, nun hast du die Grundlagen zum Körperpendel und diese hoffentlich auch tatsächlich geübt. Das hier ist nur ein Buch und du bist in der Eigenverantwortung, deinen Prozess bewusst zu gestalten und es liegt in deiner Hand, dir genug Zeit für jeden Schritt zu nehmen. Langsamer vorzugehen bedeutet immer auch bewusster vorzugehen. Wer es eilig hat, kommt selten schneller ans Ziel.

Finde zuerst das Vertrauen in das Körperpendel, bevor du es zum Testen kritischer Aussagen nutzt. Jetzt werden wir mit diesen kritischen Aussagen arbeiten, denn wir werden einige Manifestationsblockaden des Unterbewusstseins testen, die deine Schöpferverbindung blockieren.

Die Basis deiner Heilung wird durch ein solides Fundament bestimmt. Nur wenn du verstehst, wie dein Körperpendel funktioniert, kannst du dich zu jeder Zeit hundertprozentig darauf verlassen und die Botschaften klar verstehen, anstatt sie falsch zu interpretieren.

Step 3

Das Tor zum Himmel öffnen – deine Schöpferverbindung

1. Die Angst vor deiner Verbindung mit der Schöpferkraft
2. Die Schöpfungsblockaden deines obersten Manifestations-Power-Zentrums erkennen
3. Zeit, dich mit der Schöpferkraft zu verbinden: die Thetawelle
4. Der Weg der Liebe: Frei sein von Bewerten, Vergleichen und Selbstzweifeln
5. Zeremonie zur Einladung deiner Kraft

Das Tor zum Himmel öffnen – deine Schöpferverbindung

1. Die Angst vor deiner Verbindung mit der Schöpferkraft

Dein oberes Manifestations-Power-Zentrum zu klären, kann dir dabei helfen, für alle deine Manifestationen den Turbogang einzulegen, denn hier findet deine Schöpferverbindung statt. Das Energiefeld in deinem Kopf verbindet dich mit der Schöpfung und damit auch mit der Schöpfungsenergie.

Damit dies reibungslos funktioniert, müssen in der Regel erst einmal einige Blockaden des oberen Manifestations-Power-Zentrums gelöst werden. Und genau diese Blockaden schauen wir uns jetzt einmal an. Im Grunde geht es um ein Kernmuster, das es in der Gänze aufzulösen gilt, und zwar die Angst vor der eigenen Schöpferkraft.

Viele Menschen haben Angst, sich mit der Schöpferkraft zu verbinden, denn sie erweckt die eigene Schöpferkraft und verbindet uns intensiver mit unserer Manifestationskraft. Unsere eigene Schöpferkraft hat so viele Aspekte, dass wir Tage benötigen würden, um in der Tiefe über sie zu reden. Unser Körper, unser Energiekörper und all das, was wir damit machen können, ist faszinierend, magisch und unbeschreiblich zugleich. Du kannst deine Kraft nur erleben, denn in Worten können wir sie nie adäquat beschreiben und schon gar nicht verstehen.

Der leichteste Einstieg, deine eigene Schöpferkraft zu spüren, ist, deine Manifestationskraft Schritt für Schritt freizulegen und zu stärken, um sie dann bewusst einzusetzen.

Das Problem beim Öffnen dieses Manifestations-Power-Zentrums besteht darin, dass wir oft Angst vor dem Leben unserer Schöpferkraft haben, denn tatsächlich ist es nicht ***unsere*** Schöpferkraft, sondern es ist ***die*** Schöpferkraft, die durch uns hindurchfließt.

Das ist der große Unterschied:

- Die Schöpferkraft wird nicht von uns gemacht.
- Schöpferkraft kann nur durch uns hindurchfließen.
- Das muss unser Körper und unsere Energie ermöglichen.
- Dadurch wird auch unsere Manifestationskraft gestärkt.Viele haben unterbewusst Angst davor, sich für die Schöpferkraft zu öffnen, da es gleichzeitig bedeutet, das eigene Ego hinter sich zu lassen. Das ist ein Paradoxon in sich, denn nur das Ego hat Wünsche. Wie kann man das Ego und damit das Verlangen nach der Erfüllung der eigenen Wünsche aufgeben und gleichzeitig trotzdem manifestieren?

Dazu müssen wir verstehen, dass die Schöpfung nicht gegen deine Wünsche ist. Deine Seele ist auch nicht gegen deine Wünsche. Es gibt kein Für oder Gegen aus der Sicht der Schöpfung. Es gibt auch kein Richtig oder Falsch für dich. Wir können die Schöpfungsenergie für alles nutzen, denn diese Energie ist bedingungslos und sie steht jedem zur Verfügung.

Wenn wir im Rahmen der Manifestationsgesetze handeln, kann jede Manifestation durch Schöpfungsenergie genährt werden. Es gibt keine Eintrittskarte, kein Prüfverfahren und keine Bewertung für Wünsche. Man muss nur wissen, was zu tun ist und wie man sich mit dieser Kraft verbindet. Daher gibt es weiße und schwarze Magie. Die „Guten" und die „Schlechten". Heilzeremonien, Voodoo und Flüche. All das existiert zugleich und nutzt die gleiche Energie. Die Energie, aus der alles erschaffen wurde und die unendlich zur Verfügung steht: die Schöpfungsenergie. Das wird in der spirituellen Szene oft verkannt.

Solange ich noch in der Schweiz lebte, habe ich nicht viel über Voodoo, Flüche und Co. nachgedacht. Als ich dann nach Mexiko zog und hier über Tatas, Schamanen und Mayas lernte, veränderte sich diese Perspektive. Wir haben im Westen oft die verklärte Vorstellung, dass sobald jemand mit Energie arbeiten kann, diese Person heilig, integer, gewissenhaft, voller Liebe und Respekt ist. Doch das ist mitnichten so, denn das eine bedingt nicht das andere.

Hier in Mexiko gibt es viele Energiearbeiter, die anderen Flüche oder Spirits senden können. Und wenn die Schamanen oder Tatas untereinander neidisch sind, dann senden sie sich genau das, Flüche, Spirits und Verhexungen. Und das ist weit mehr, als jemandem nur schlechte Gedanken zu senden. Wenn jemand dies kann, ist es etwas sehr Kraftvolles.

Ich habe selbst einmal erlebt, wie mir mitten in der Nacht ein Spirit gesendet wurde. Das Fenster knallte auf, mein Hund bellte wie verrückt, ich spürte diese heftige Energie, die in mein Schlafzimmer kam und nur weil ich wusste, was los war, konnte ich sie abweisen, bevor sie meinen Körper betrat. Denn sind diese Energien einmal im Körper, ist es fast unmöglich, sie alleine zu lösen und man muss zu jemandem gehen, der mit diesen Spirits und Entitäten arbeiten kann.

Während unser Kopf von den anderen Dimensionen und Wesen, die es hier auf der Erde noch gibt, meist keine Ahnung hat, weiß unser Unterbewusstsein dies sehr wohl. Und es hat daher oft große Angst davor, sich mit der Schöpferenergie zu verbinden. Das hat mehrere Gründe.

Das Unterbewusstsein hat die Aufgabe, uns am Leben zu halten. Es beobachtet also auch alle Fremdenergien um uns herum kritisch. Es wird dir zwar nicht sagen, dass hier eine Entität oder Fremdenergie hinten links in der Ecke ist, aber es kann sie spüren.

Und wenn wir unser Tor zum Himmel durch Meditation oder einen bewussten Fokus öffnen, um uns mit der Schöpferenergie zu verbinden, dann öffnen wir auch eine Tür zu unserem Körper. Die meisten Öffnungen funktionieren immer in zwei Richtungen. Dein oberstes Manifestations-Power-Zentrum ist ein Portal. Wenn wir uns nicht richtig mit der Schöpferenergie verbinden, dann besteht die Möglichkeit, dass hier Fremdenergien in unseren Körper kommen und diese unserer Energie schaden und uns von unserer Manifestationskraft trennen.

Viele Menschen channeln Energien und andere Wesen und glauben blind, dass diese Wesen ihnen gut gesonnen sind. Das ist oft nicht der Fall. Nur die Schöpfung ist bedingungslos und hilft uns bedingungslos. Wer sagt dir, dass ein Engel dir bedingungslos helfen wird?

Es gibt hier viele Fehlannahmen der New-Age-Spiritualität. Alles, was nicht über die Schöpfungsebene passiert, ist ein Tauschgeschäft. Und für jede Hilfe, die von einem Engel, Meister oder Energiewesen kommt, muss ein echter Tausch passieren. Nur sind sich viele des Tauschgeschäftes nicht bewusst. Plus, woher sollen wir wissen, dass ein Engel wirklich einer ist? Shapeshifting ist etwas ganz Natürliches für andere Wesen und wird oft von uns nicht gut gesinnten Energiewesen genutzt, um Verträge mit Seelen zu schließen und diese an sich zu binden.

Während der Kopf nichts von all diesen Dingen weiß, die im Hintergrund passieren, weiß das Unterbewusstsein von dieser Gefahr. Wenn du feinfühlig bist und deine Seele gut in deinem Körper verankert ist, dann wirst du die Tiefe dieser Information spüren können. Ich werde hier nicht weiter darauf eingehen, denn es gibt ausführliche Literatur zu Entitäten, Spirits und den ganzen Kontrakten, die wir oft mit ihnen eingegangen sind, ohne es zu wissen.

Entscheidend für deine Manifestationskraft ist es zu verstehen, dass dein Unterbewusstsein über diese Dinge Bescheid weiß und sehr oft Angst hat. Entweder, weil es selbst schlechte Erfahrungen gemacht hat, zum Beispiel als Kind, oder weil es dies bei anderen miterlebt hat.

Als Kinder können wir diese Spirits oft noch sehen, genauso wie wir oft Elfen, Feen und die Geister von Verstorbenen sehen konnten. Viele haben das vergessen, verdrängt und weggeschoben, weil es in der Familie dafür keinen Raum gab. Heute haben wir Kinder, die stärker sind, als wir es waren. Kinder, die einen Wandel in unserer Welt erschaffen können. Kinder, die Aura, Geister, Feen und andere Energieformen sehen können. Der Unterschied zu uns früher ist, dass viele dieser Kinder Eltern haben, die offener oder spiritueller sind und die Feinfühligkeit und Hellsichtigkeit ihrer Kinder fördern statt zu unterdrücken.

Das Unterbewusstsein meiner Generation hat hingegen noch Folgendes gelernt:

- Wenn ich Feen und Elfen sehe und mit den Blumen rede, dann hält Mama das für komisch.
- Wenn ich das Glitzerlicht der Schöpfung spüre und darin tanze, dann sehen die anderen das nicht und wenn ich versuche es zu erklären, dann nehmen sie mich nicht ernst.
- Gott ist strafend, denn er entscheidet, ob ich ein gutes Kind bin oder nicht. Das bringt viel Verwirrung in unsere Beziehung zur Schöpfung.
- Es ist besser, in eine Norm zu passen und nicht aufzufallen. Doch wer in einer Thetawelle schwimmt, leicht manifestiert und mit der Seele redet, der fällt zwangsläufig auf.
- Das Unterbewusstsein entscheidet sich daher schon früh, dass es besser ist, diese Energieformen nicht mehr zu sehen und uns den „echten Dingen" wie Puppen, Spielsachen und anderen Kindern zuzuwenden. Denn das Unterbewusstsein ist auf Überleben programmiert und zum Überleben müssen wir dazugehören und als Gruppenmitglied anerkannt werden. Nur so sind wir aus der Sicht des Unterbewusstseins sicher.

Wenn wir dieses Manifestations-Power-Zentrum jetzt wieder öffnen möchten, wird das Unterbewusstsein mit genau den gleichen Ängsten konfrontiert wie in der Kindheit, denn diese Muster sind nach wie vor aktiv. Folgendes ist wichtig zu verstehen:

- Jedes Muster, das in der Kindheit entstand, ist so lange aktiv, bis wir es bewusst beenden.
- Deshalb sind es fast immer die Muster der Kindheit, die uns beim Manifestieren und beim persönlichen Wachstum blockieren.
- Genau diese Muster gilt es nun zu überwinden.
- Das Auflösen von Mustern setzt kurzfristig Traurigkeit, Wut und Angst frei, da wir erkennen, dass wir eine Täuschung gelebt haben und diese uns Halt, gefühlten Schutz und zum großen Teil auch Liebe gab.

Das Unterbewusstsein muss die Überzeugung loslassen, dass es gefährlich ist, sich mit der Schöpfungskraft zu verbinden. Das braucht Kraft und Zeit.

Dein Verstand will deine Heilung. Dein Unterbewusstsein will sie oft nicht, denn Veränderung ist immer eine Gefahr für das Ego. Das Unterbewusstsein gewinnt dabei immer. Daher ergibt es auch gar keinen Sinn zu kämpfen. Es ergibt mehr Sinn, mit den Quick-Fixes zu arbeiten, um deine Energie zu erhöhen und Veränderung zu erleichtern.

Je nachdem, wie viele Verletzungen du in der Kindheit erlebt hast, wird dein Unterbewusstsein jeden Heilversuch blockieren. Deshalb ist es wichtig, die alten Verletzungen in die Heilung zu bringen und deine Energie mit den Quick-Fixes zu erhöhen, damit deine Wünsche wahr werden können.

2. Die Schöpfungsblockaden deines obersten Manifestations-Power-Zentrums erkennen

Teste diese Aussagen und finde heraus, ob du hier Blockaden hast:

- Es ist sicher, mein Tor zur Schöpfung zu öffnen.
- Es ist sicher, mich mit der Schöpferenergie zu verbinden.
- Ich habe mich früher schon mit der Schöpferenergie verbunden.
- Ich habe Angst, mich mit der Schöpferenergie zu verbinden.
- Ich vertraue der Schöpferenergie.
- Ich kann die Schöpferenergie erkennen.
- Ich weiß, wie ich meine Schöpferverbindung öffne.
- Ich erlaube mir, meine Schöpferverbindung zu öffnen.
- Ich will die Schöpferenergie in mir haben.
- Ich lehne die Schöpferenergie ab.
- Ich fühle mich mit der Schöpferenergie sicher.
- Das Tor zum Himmel zu öffnen ist gefährlich.
- Wenn ich mein Tor zum Himmel öffne, werde ich benutzt.
- Ich werde die Schöpferenergie missbrauchen.
- Die Schöpferenergie hat mich schon einmal verletzt.
- Es fällt mir schwer, die Schöpferenergie zu fühlen.
- Ich habe Angst, der Schöpferenergie zu vertrauen.

Teste hier auch andere Worte, denn die Wortwahl macht oft einen Unterschied. Teste auch in deinem Dialekt oder deiner Muttersprache. Notiere dir die Aussagen, die aus Sicht dessen, was du möchtest, nicht gut sind und finde so die Muster, die dich blockieren.

Hier geht es also nicht darum, dass Aussagen, die du mit einem Nein beantwortest, schlecht sind. Es geht darum, ob die Aussagen zu deinem Wunsch oder deinem Ziel passen. Unser Ziel hier ist es, dass du dein oberstes Manifestations-Power-Zentrum öffnen kannst, die bedingungslose Liebe der Schöpfung annimmst und die Schöpfungsenergie durch dich fließen lassen kannst. Auf dieses Ziel hin prüfen wir die Aussagen.

Zum Beispiel, wenn du testest: „Ich lehne die Schöpferenergie ab", und die Antwort des Körperpendels „Ja" ist, dann bedeutet dies, dass dein Unterbewusstsein die Schöpferenergie ablehnt und nicht deine Seele, dein Verstand oder dein Herz. Es bedeutet, dass hier alte Verletzungen vorliegen, die es deinem Unterbewusstsein in der Vergangenheit und bis einschließlich heute unmöglich gemacht haben, die Schöpferenergie anzunehmen. Es zeigt eine Blockade, die zu heilen ist. Noch einmal in aller Deutlichkeit: Ein „Ja" ist nicht per se gut und ein „Nein" ist nicht per se schlecht. Es kommt immer auf die Aussage an.

Notiere dir alle Aussagen, die dir nicht gefallen. Notiere dir die Blockaden, die du hier findest. Zum Öffnen deiner Schöpferverbindung müssen wir erst eine Bestandsaufnahme machen. Ein Schritt nach dem anderen. Das Gute daran ist, dass du gerade deinen ganz persönlichen Plan zum Lösen deiner Manifestationsblockaden entwickelst.

Wie löst du diese Manifestationsblockaden?
Mit der Meditation, die ich speziell dafür erstellt habe. Sie ist Bestandteil dieses Buches und du kannst sie hier kostenlos downloaden.

Bevor du die Meditation beginnst, mach dir eine Liste mit allen gefundenen Blockaden, Ängsten und Limitationen.

Ich werde dich während der Meditation durch einen Prozess führen, in dem wir diese Muster und Programme aus deinem Unterbewusstsein entfernen. Anschließend wirst du diese Liste verbrennen, um ihre Asche an Mama Erde zurückzugeben.

3. Zeit, dich mit der Schöpferkraft zu verbinden: Die Thetawelle

Du brauchst eine stabile Thetawelle in deinem Gehirn, um dich mit der Schöpfung zu verbinden, Gespräche mit deiner Seele zu führen und kraftvolle Manifestationen im Feld zu platzieren. Wenn wir energetische Blockaden in der Tiefe lösen möchten, müssen wir ebenfalls in einer stabilen Thetawelle sein.

Wie fühlt sich eine Thetawelle an? Du gehst jeden Morgen beim Aufwachen durch eine. Du bist noch nicht ganz wach, aber du schläfst auch nicht mehr. Es ist die kurze Übergangszeit, in der du dich noch genau an deine Träume erinnern und sie abrufen kannst. Im Schamanismus nutzen wir Träume übrigens oft zum Lernen, zur Heilung und zum Verstehen wichtiger Prozesse in unserem Leben.

Gleichzeitig gehst du auch jeden Abend durch eine Thetawelle bevor du einschläfst. Du bist noch nicht ganz eingeschlafen, aber auch nicht mehr ganz wach. Du gleitest sanft in eine andere Welt, du bist hier und nicht mehr hier. Dies ist deine zweite tägliche Thetawelle, die du durchläufst. Dein Körper macht dies von allein. Mit der Meditation, die ich dir gebe, trainierst du, diesen Zustand der tiefen Entspannung bewusst zu erzeugen. Das Loslassen dieser Welt und dich mit einer anderen Welt zu verbinden. Hier kannst du alle Antworten finden, die dein Verstand nicht zu fassen vermag.

Wenn du längere Strecken auf der Autobahn fährst, die dir gut bekannt sind, dann geht dein Gehirn ebenfalls in eine Thetawelle. Vielleicht hast du schon einmal bemerkt, dass du dich beim Fahren nach einer Weile gefragt hast: „Wow, ich bin schon hier?", ohne eine bewusste Erinnerung an die Etappen der Fahrt zu haben. Das weist auf eine Thetawelle hin.

Wenn du Kinder hast und diese Videospiele spielen, dann sind sie während des Spielens ebenfalls in einer Thetawelle. Deshalb sind Videospiele mit Bedacht zu wählen, denn sie programmieren unser Gehirn und das unserer Kinder. Unbemerkt, ganz nebenbei und so tief, dass diese Programmierungen schwer aufzuheben sind. So programmieren Kampf- und Kriegsspiele uns zum Beispiel darauf, dass dies normal ist, desensibilisieren uns und trennen uns von unserer Menschlichkeit.

Du siehst, die Thetawelle ist nichts, was du neu lernen musst, denn du erlebst sie schon dein ganzes Leben lang mindestens zweimal am Tag. Als Kind hast du sogar große Teile deiner Zeit in dieser Gehirnfrequenz verbracht. Denn bis wir circa sieben Jahre alt sind, sind wir sehr viel in der Thetafrequenz unterwegs. So lernen wir am besten über das Leben und die Welt. Deshalb sind unsere Kindheitserlebnisse auch so prägend für den kompletten Verlauf unseres Lebens. Die positiven Erlebnisse genauso wie die negativen.

Alle deine tiefen Programmierungen, Verhaltensmuster und Überzeugungen sind in deiner Kindheit entstanden. Manche sogar bereits im Bauch deiner Mama und während deiner Geburt.

Dazu kommen dann noch die Programmierungen durch Fernsehen und soziale Medien, denn auch TV schauen und Konsum der sozialen Medien versetzen unser Gehirn in eine Thetawelle und programmieren uns. Wenn du ein erfülltes, reiches, glückliches Leben möchtest, lohnt es sich, diese Tools bewusst anstatt passiv nebenbei zu nutzen.

Wie kannst du nun mithilfe der Thetawelle deine Manifestationen schneller in die Realität holen? Thetawellen sind kraftvoll zum Umprogrammieren unserer Muster und zum Manifestieren unseres Lebens. Genau deshalb habe ich dir eine Meditation erstellt, die du nutzen kannst, um in eine entspannte Thetawelle zu kommen und deine Wünsche zu manifestieren. Sie ist kostenfreier Bestandteil dieses Buches.

Du kannst die Meditation zum Manifestieren hier downloaden.

4. Der Weg der Liebe: Frei sein von Bewerten, Vergleichen und Selbstzweifeln

Um unser oberstes Manifestations-Power-Zentrum zu öffnen, ist es wichtig, dass wir unser Ego im Zaum halten können. Das bedeutet, dass wir Verhalten wie Bewerten, Vergleichen und Selbstkritik loslassen müssen. Dieser Prozess streckt sich oft über viele Jahre, denn es ist im Grunde der Weg der Erleuchtung. Es ist das Loslassen aller Anhaftungen und damit auch unserer Erwartungen an uns selbst und andere Menschen.

Solange wir in der Dualität leben und Ereignisse oder Menschen als „gut" oder „schlecht" bewerten, trennt uns dies von der Liebe und damit auch von der Schöpfungskraft.

Unsere Schöpferverbindung verschließt sich jedes Mal, wenn wir Bewerten, Vergleichen, Bemängeln oder Kritisieren. Dies ist das Verhalten des Egos, das in der Trennung von der Schöpfung lebt. Widmen wir unsere Zeit diesen Gedankengängen und Emotionen, trennt uns dies mehr und mehr von der Schöpfung.

Gleichzeitig verschließt es unser Herzzentrum. Somit trennt es uns von zwei Dritteln unserer Manifestationskraft und der Manifestationskanal wird verschlossen, da die Energie des Schoßraumes nicht mehr aufsteigen kann.

Wann immer wir Mangel leben, egal ob finanziell, mental, emotional oder auch körperlich, verschließt sich das oberste Manifestations-Power-Zentrum, also dein Tor zum Himmel. So halten wir aus Sicht unseres Egos alle unsere Energien bei uns. Denn wenn wir im Mangel leben, wollen wir unsere Energien nicht teilen, doch genau das trennt uns von der Schöpfung.

Wenn wir mit der Schöpfung verbunden sind, dann sind wir auch an die unendliche Fülle der Schöpfung angebunden und das bedeutet: Wir können sehr viel leichter manifestieren. Deshalb ist es wichtig, dich in deinem Alltag zu beobachten:

- Wo bewertest du dich und andere?
- Wo vergleichst du dich mit anderen?
- Wo hast du das Gefühl, dass du nicht gut genug bist?
- Wo hast du das Gefühl, dass du besser bist und andere nicht gut genug sind?
- Was und wen kritisierst oder verurteilst du? Und wie beeinflusst das dein Leben?
- Worüber regst du dich auf und was macht dich regelmäßig wütend?
- Wo erlebst du körperliche Mangel, in Form von Krankheiten oder körperlichen Beschwerden?
- Wenn du dir mehr materielle Fülle wünschst, macht dich dann der aktuelle Zustand wütend oder traurig?

All das sind Zeichen, dass es sich lohnt, nach den limitierenden Programmierungen (Blockaden) zu schauen und diese dann Schritt für Schritt aufzulösen. Dazu kannst du die Meditation nutzen, die zum Buch gehört.

Wann auch immer wir aus der Fülle gefallen sind, zeigt dies, dass wir tief im Unterbewusstsein einprogrammierte Überzeugungen haben, die unsere Selbstliebe, unseren Selbstwert und unseren Selbstrespekt limitieren. Es ist hier wichtig, sich selbst wieder Liebe, Achtung und Respekt entgegenzubringen.

Wenn wir mit der Schöpfung verbunden sind, sind wir auch mit unserer Seele verbunden und wir spüren uns selbst, unseren Wert und unsere Schönheit. Daher ist es so heilsam, die Meditation mit der Thetawelle regelmäßig zu praktizieren.

Je mehr du mit dir selbst deinen Frieden machst, desto leichter kannst du auch die Fehler anderer akzeptieren. Frage dich also Folgendes:

- Wo bist du mit dir selbst im Krieg?
- Was wirfst du dir selbst vor?
- Was kannst du dir nicht vergeben?
- Bist du bereit damit anzufangen, dir selbst zu vergeben und dich mehr zu lieben?

Diese Fragen führen dich zu deinen tiefsten Blockaden, die heilen dürfen. Denn wenn du noch im Kampf mit dir selbst bist, dann wirst du dir deine schönsten Manifestationen nicht gönnen. Und allzu oft sind wir selbst unser größter Feind.

**Bist du bereit, dich in dich selbst zu verlieben?
Frage dich:**

- Bist du bereit, dir zu vergeben?
- Bist du bereit, deine Schönheit zu sehen?
- Bist du bereit, dir Fülle zu erlauben?

Spüre tief in dein Herz. Diese Antworten kommen nicht von deinem Verstand, sie kommen von deinem Herzen.

Nur wenn du bereit bist, dich selbst zu lieben, wirst du dir Fülle erlauben. Kein anderer kann sie dir wegnehmen, vorenthalten oder es dir schwer machen. Nur du hast diese Macht über dich selbst und dein Leben.

Natürlich haben wir alle Inkarnations-Programmierungen, die uns von der Fülle und finanziellen Freiheit fernhalten können, doch diese Matrix-Programmierungen kann man auflösen. Dazu findest du ein Energie-Clearing auf meiner Website.

Wenn wir uns selbst vollkommen lieben würden, könnten diese Inkarnations-Programmierungen aber gar nicht mehr greifen, denn sie hätten keine Macht über uns. Und so lade ich dich ein, eine Zeremonie zur Einladung deiner Kraft durchzuführen. Mit deiner Seele und Mama Erde.

5. Zeremonie zur Einladung deiner Kraft

Nimm deine Lieblingsedelsteine und geh raus in die Natur zu Mama Erde. Sammle Federn, Sträucher, kleine Blätter und lass dich von deiner Intuition zu einer Stelle in der Natur führen, an der du diese Zeremonie machen sollst. Das kann im Wald sein, an einem ruhigen Meeresabschnitt oder am See. Wenn du deinen Platz gefunden hast, lege deine Steine und alle anderen Naturelemente in einen Kreis um dich herum.

Verbinde dich dann ganz bewusst mit Mama Erde. Stell dich ihr vor, mit deinem Namen und mit deinem Anliegen. Verbinde dich mit den Himmelsrichtungen, deinen Ahnen und den Spirits des Ortes, an dem du bist. Dann beginne deinen Dialog mit Mama Erde. Bitte sie um Hilfe. Bitte sie darum, dass sie dir das abnimmt, was dich jetzt noch von der Liebe zu dir selbst trennt. Lass deine Worte in Gedanken oder auch laut fließen, leg deine Hände flach auf den Boden, sodass du die Kraft der Erde spüren kannst. Gib ab, was du selbst nicht mehr halten kannst oder möchtest.

Wenn du spürst, dass du alles abgegeben hast, leg dich in Embryonalstellung auf den Boden und spüre, wie du eins mit Mama Erde wirst. Bleibe hier, bis du dich genährt und tief entspannt fühlst.

Step 4

Die Magie deines energetischen Herzens aktivieren

1. Große Mauern um ein Herz, das zum Lieben bestimmt ist
2. Energetische Herzblockaden, die dich von deiner wahren Kraft trennen
3. Die Kernprogrammierungen, die zu großen Mauern ums Herz führen
4. Der Mut, das Herz wieder für dich selbst zu öffnen

Die Magie deines energetischen Herzens aktivieren

I. Große Mauern um ein Herz, das zum Lieben bestimmt ist

Wenn wir tiefe Verletzungen erlebt haben, legt unser Unterbewusstsein das Notfallprogramm ein. Es entscheidet, das Herz zu beschützen, denn wir brauchen dieses Organ zum Leben. Verletzungen sind nicht nur eine emotionale Angelegenheit, Verletzungen manifestieren sich immer auch körperlich.

Wenn wir unsere Verletzungen nicht heilen, werden wir nach einer Weile krank. Das kann Jahre dauern oder sofort sichtbar werden. Das Heilen unserer Verletzungen ist daher kein Luxus, sondern grundlegend dafür, dass wir gesund, kraftvoll und glücklich sein können.

In unserem energetischen Herz werden unsere tiefsten Verletzungen gespeichert, dort, wo wir geliebt haben und verletzt wurden: Liebeskummer, emotionale Kälte der Eltern, der Verlust eines Eltern- oder Großelternteils, toxische Partnerschaften oder verlorene Babys.

Das Herz zu verschließen, ist selten eine bewusste Entscheidung. Das Unterbewusstsein macht dies in der Regel auf Autopiloten. Wenn die Entscheidung „dichtzumachen" im Kopf ankommt, ist deren Umsetzung auf Körper- und Energieebene bereits passiert.

Jede Mauer, die du um dein Herz gelegt hast, schützt dich vor weiteren Verletzungen, weil dein Unterbewusstsein glaubt, dass es nicht mehr ertragen kann. Doch was passiert, wenn wir Mauern um unser Herz bauen? Wir wandern in den Kopf. Wir sind Energiewesen. Energie pur, und diese Energie muss fließen können. Genau hier treffen wir auf das Problem: Ein verschlossenes Herz blockiert den natürlichen Flow deiner Lebensenergie und damit natürlich auch deiner Manifestationsenergie.

Manifestieren ist ein Akt der Liebe. Das Herz ist der Ort der Liebe. Wenn du nun Mauern um deine Liebe gebaut hast, dann blockierst du dir damit die Fähigkeit zu manifestieren. Das Manifestieren kann dann nur noch klappen, wenn du außerordentlich viel weibliche Energie hast, die die fehlende Herzenergie ausgleichen kann. Aber auch hier treffen wir oft auf tiefe Blockaden und Ängste. Sprich, die meisten Menschen können die fehlende Herzenergie nicht ausgleichen und ihre Manifestationen erfüllen sich daher nicht.

Die Liebe verbindet uns mit allem. Mit allen und allem. Doch wenn das Herz verschlossen ist, dann gibt es keine Verbindung und ohne Verbindung nach Außen können keine Manifestationen stattfinden. Manifestationen laufen über Energiebahnen, die zwischen uns, anderen, anderen Ebenen und anderen Welten vorhanden sind. Ein verschlossenes Herz schützt also nicht nur vor einer erneuten Verletzung, es trennt uns auch von den Ahnen, helfenden Spirits und tiefen Verbindungen mit anderen.

Bei all dem stellt sich zusätzlich auch die Frage, ob dich ein verschlossenes Herz wirklich schützt. Denn ein verschlossenes Herz verschließt auch den Zugang zur eigenen Intuition. Damit wir spüren können, was für uns jetzt gerade das Richtige ist oder wer und was zu uns passt, müssen wir unserem Herz das Fühlen erlauben und es offen halten.

Wie können wir unsere Zukunft bewusst gestalten, wenn wir von unserer Intuition getrennt sind? Genau, gar nicht. Wir driften dann durch das Leben und sind keine aktiven Gestalter und Schöpfer, sondern mehr Erlebende und im schlimmsten Fall sogar Opfer.

Wenn unser Herz hingegen offen ist, dann spüren wir die Energien anderer und wir können unsere Intuition nutzen. Das ist der Weg, wie unsere Seele mit uns spricht. Sie zeigt uns, wo es lang geht und wie es am leichtesten und am besten geht.

Bei der Heilung deiner Herzensblockaden gibt es nur diese beiden Ergebnisse: Alles oder nichts. Entweder dein Herz ist wieder offen oder es ist noch zu. Dazwischen passiert viel Heilarbeit und selbst wenn es trotz der Heilarbeit noch immer zu ist, kommst du der Herzöffnung mit jedem Mal näher.

Damit deine Manifestationen leicht funktionieren, muss dein Herz offen sein. Ohne Wenn und Aber. Und wenn es tiefe Verletzungen gab, dann ist dies oft anspruchsvoll. Denn es gilt, einen Weg zu finden, den dein Ego gemeinsam mit dir gehen kann. Also einen Weg, auf dem es dich nicht blockiert.

2. Energetische Herzblockaden, die dich von deiner wahren Kraft trennen

Herzblockaden sind oft gut versteckt und für den Kopf nicht auf den ersten Blick erkennbar. Deshalb nenne ich dir hier die großen Blockaden, damit du sie testen kannst.

Nimm deine Zeit als Baby und deine Kindheit unter die Lupe. Hier entstehen unsere Grundmuster und auch unsere größten Blockaden, die alles Weitere, das in unserem Leben passiert, Gutes sowie weniger Gutes, beeinflussen. Wir können alles ändern, aber dafür müssen wir verstehen, was los ist.

Frage dich das Folgende:
Schwangerschaft:

- Warst du ein Wunschkind?
- Solltest du abgetrieben werden?
- Hatte deine Mama Angst vor der Geburt?
- War deine Geburt einfach oder gab es Komplikationen?
- Hatte deine Mama Stress in der Schwangerschaft?
- War die Schwangerschaft anstrengend?
- Wie war die Beziehung deiner Eltern vor der Schwangerschaft?
- Wollte dein Papa auch ein Kind oder warst du primär der Wunsch deiner Mama?
- Wollte dein Vater einen Jungen oder ein Mädchen? Sprich, war dein Geschlecht gewollt? Dein Vater hat einen großen Einfluss auf deine Manifestationen, denn er steht für das Fülle-Prinzip, in der Form vom Samen, der dich in die Welt manifestiert hat.
- Wie hat die Schwangerschaft die Beziehung deiner Eltern verändert?
- Hatte deine Mama eine angenehme Geburt?
- Hatte deine Mama eine Wochenbettdepression oder war sie mit der neuen Situation gegebenenfalls überfordert? Das passiert sehr oft und wird gerne verdrängt, doch die Hormone haben hier einen großen Einfluss.

Babyzeit:

- Hat man dich schreien lassen oder sind deine Bedürfnisse immer mit Liebe gestillt worden?
- Wurdest du immer gehalten, wenn du es gebraucht hast?
- Wurdest du gestillt?
- Wie war das Stillen für dich?
- Hat deine Mama dich gerne gestillt oder hatte sie Schmerzen dabei?
- War es ihr eine Freude, dir beim Stillen so nah zu sein oder war der Zeitaufwand stressig für sie?
- Wie ging deine Mama damit um, plötzlich keine Zeit für sich zu haben?
- Wie hast du die Energien deiner Mama wahrgenommen?
- Hast du dich geliebt gefühlt?
- Hast du dich genährt gefühlt?
- Hast du dich sicher und beschützt gefühlt?
- Musstest du gegebenenfalls einige Zeit im Krankenhaus verbringen?
- Warst du ein Frühchen?
- Hat dein Papa sich für dich interessiert und konnte er eine Bindung zu dir aufbauen?

Kindheit:

- Haben sich deine Eltern in deiner Kindheit getrennt?
- Haben sie eine erfüllte, glückliche Partnerschaft gehabt, während du klein warst?
- Bist du mit deinen leiblichen Eltern groß geworden?
- Welche Erinnerungen hast du an deine Kindheit?
- Was macht es mit dir, alte Kinderfotos anzusehen?
- Wurdest du als Kleinkind angeschrien oder ignoriert? Das hinterlässt tiefe Wunden und eine Unfähigkeit, vertrauen zu können.
- Wer hat dich großgezogen?
- Wie ging es dir zur Kindergartenzeit? Wie war diese Trennung von deiner Mama?
- Hattest du eine beste Freundin?
- Wie waren deine Freundschaften?
- Seid ihr umgezogen?
- Sind wichtige Bezugspersonen weggezogen oder gestorben, als du klein warst?
- Wie sehr hast du dich von deinen Eltern unterstützt gefühlt, zum Beispiel in der Schule?
- Hat deine Mama mit dir Hausaufgaben erledigt?
- Musstest du den Teller leer essen oder durftest du dich frei entfalten?
- Gab es viele Regeln und wie war das für dich?
- Hast du früher Feen, Elfen und Geister gesehen und wie war die Reaktion deiner Eltern darauf, als du es gesagt hast?
- Gab es Leistungsdruck in Bezug auf Schulnoten oder Sport?
- Wie hat sich dein Leben verändert, als Geschwister dazukamen?
- Wie war deine Beziehung mit deinen Geschwistern?
- Hatten deine Eltern genügend Aufmerksamkeit, Zeit und Liebe für dich?

All diese Aspekte haben einen großen Einfluss auf die Kraft deiner Manifestationen.

Vielleicht hast du nun viele Punkte oben aus der Liste angekreuzt. Das ist kein Grund zum Verzweifeln. Es ist nicht schlimm. Es ist gut, Bescheid zu wissen. Denn alles, was du findest, kannst du heilen. Diese Bestandsaufnahme hilft dir, glasklar zu erkennen, wo dein energetisches Herz blockiert ist und was deine Manifestationskraft schwächt.

Je intensiver du dich dem Auflösen alter Verletzungen widmest, desto mehr kommst du in deine ganze Kraft und desto leichter wird das Manifestieren. Auf meiner Website findest du eine Meditation zum Lösen von Manifestationsblockaden. Sie ist kostenfreier Bestandteil dieses Buches.

Hier kannst du die Meditation downloaden.

Wir haben zwei große Hebel für die Aktivierung der Herzkraft: das Heilen alter Verletzungen und das Nähren der Liebe durch das Erschaffen von mehr Freude mithilfe der Quick-Fixes.

Es ist also nicht nötig, von heute auf morgen alle Verletzungen zu heilen. Das ist auch gar nicht möglich und diese Intention würde viel zu viel Stress in deinem Nervensystem auslösen. Aber es ist möglich, von heute auf morgen mehr Liebe und Freude durch die Quick-Fixes zum Manifestieren zu erschaffen.

Arbeite intensiv mit der Meditation zum Lösen deiner Manifestationsblockaden, um deine Herzblockaden Schritt für Schritt aufzulösen. Idealerweise machst du sie täglich, so klärst du dein Herz von niedrig schwingenden Energien und gleichzeitig stärkst du deine Manifestationskraft.

3. Die Kernprogrammierungen, die zu großen Mauern ums Herz führen

Die Balance zwischen Heilung und Manifestieren entscheidet über deine Zukunft. Während die Heilung ein Prozess ist, der über viele Jahre passiert, ist es dennoch sofort möglich, mehr Liebe durch dein Leben fließen zu lassen; dazu dienen die Quick-Fixes.

Da wir uns bei unserer Heilung gerne mal verzetteln, zeige ich dir hier, worauf du dich fokussieren solltest. Bei allen Verletzungen, die wir erlebt haben, landen wir immer wieder bei diesen Kernüberzeugungen des Unterbewusstseins:

- „Ich werde nicht geliebt."
- „Ich bin nicht wichtig."
- „Ich bin nicht wertvoll."
- „Ich bin nicht genug."

Wenn wir Schläge, körperliche Übergriffe oder sexuellen Missbrauch erlebt haben, dann ist auch diese Überzeugung tief in unserem Unterbewusstsein einprogrammiert:

- „Ich bin nicht sicher."

Wenn wir also alle unsere Kindheitsverletzungen anschauen, werden wir in der Tiefe immer wieder bei diesen Überzeugungen des Unterbewusstseins landen. Sie sind oft tief in uns einprogrammiert und es wird eine Weile dauern, bis du sie loslässt. Gleichzeitig liegt hier auch der Weg in die Freiheit.

Wenn wir diese tiefsitzenden Programmierungen überwinden, sind wir frei. Denn wenn du dich liebst, die Liebe von Mama Erde für dich spürst und die Schöpferliebe durch dich fließen lässt, dann ist es egal, ob und wie viel Liebe deine Eltern dir schenken konnten. Du wirst dich immer geliebt fühlen.

In dem Moment, in dem du dich innig mit der Schöpfungsenergie verbindest und täglich für zehn bis zwanzig Minuten in eine kraftvolle Thetawelle gehst, wirst du nicht mehr die Bestätigung von außen brauchen. Du wirst mehr und mehr deine Bestimmung erkennen und annehmen. Dir wird niemand mehr sagen müssen, dass du wichtig bist.

Du wirst tief in dir spüren, dass du schon immer wichtig warst. Gleiches gilt für deinen Wert. Niemand kann dir deinen Wert nehmen oder geben. Nur du kannst ihn leben. Und wenn du deinen Wert kennst, dann wirst du auch nie wieder das Gefühl haben, dass du nicht genug wärst. All das ist möglich, wenn wir uns mit der Schöpfungskraft verbinden und unser Herz für uns selbst öffnen. Auf meiner Website findest du viele Heilmeditationen dazu.

Nutze die Meditationen, die Bestandteil dieses Buches sind, um dein Gehirn regelmäßig in eine Thetafrequenz zu bringen. Dies entspannt und gibt Raum für Heilung. Hier kannst du deine Meditationen downloaden.

4. Der Mut, das Herz wieder für dich selbst zu öffnen

Die große Herausforderung beim Öffnen des Herzens liegt darin, die Liebe für dich selbst wieder fließen zu lassen. Dies ist essenziell, um kraftvoll manifestieren zu können und es ist leider auch oft die größte Herausforderung, vor der wir stehen. Wir sind sehr viel besser darin, anderen zu vergeben und ihnen ihr Fehlverhalten zu verzeihen. Bei uns selbst sind wir kritischer. Wir bewerten und verurteilen uns und kommen oft zu der Überzeugung, dass wir es hätten besser machen müssen.

Wir verwehren uns selbst das, wonach wir uns am meisten sehnen: bedingungslose Liebe. Diese Liebe haben wir mehrheitlich nicht von unseren Eltern erhalten, da die meisten Menschen Trauma erlebt haben und daher nicht bedingungslos lieben können, vor allem wenn sie im Krieg waren oder körperliche Misshandlungen und Übergriffe erlebt haben.

Der einzige Mensch, von dem du garantiert bedingungslose Liebe bekommen kannst, bist du selbst, wenn du dein Herz für dich öffnest. Und dazu lade ich dich ein. Verliebe dich in dich selbst. Umarme dich selbst. Sieh deine innere Schönheit und die Reinheit deiner Seele. Es wird vieles verändern, wenn es dir möglich wird, dich durch die Augen der Liebe anstatt durch die Augen der Bewertung zu sehen.

Selbstliebe ist schwer, das will ich dir gar nicht verheimlichen. Wir bekommen oft erzählt, dass Selbstliebe bedeutet, sich um sich selbst zu kümmern, uns Gutes zu tun, uns Geschenke zu machen, einen Spaziergang im Wald oder das duftende Badeöl zu genießen. Doch das sind lediglich Akte im Außen. Sie können durch Selbstliebe passieren, aber sie erzeugen keine Selbstliebe. Selbstliebe kommt nicht durch das, was wir im Außen für uns tun, denn sie kann nur in uns selbst entstehen, wenn wir unser Herz für uns selbst öffnen. Doch wie soll das gehen?

Was sind deine wahren Träume? Die Träume, die du schon lange begraben hast? Pack sie wieder aus. Du bist es tatsächlich wert, dass sie sich erfüllen und du kannst sie dir erfüllen. Trau dich. Verleugne dir selbst nicht deine größten Herzenswünsche. Als ich gefragt wurde, ob ich dieses Buch zum Manifestieren schreiben möchte, war mir klar, dass ich dir nicht die 0815 Manifestationstipps der New-Age-Spiritualität geben werde. Ich möchte, dass du deine Seelenkraft lebst und mit der Kraft deines Herzens, der Kraft deiner Liebe manifestierst.

Dazu musst du dich selbst lieben. Ich sage nicht gern „müssen", denn wir wählen immer, was wir tun. Doch wenn du tatsächlich in deiner Kraft sein möchtest und ein Leben voller Liebe und Fülle manifestieren willst, dann braucht es die Öffnung deines Herzens und für dich selbst.

Selbst, wenn du „nur" Geld manifestieren möchtest, braucht es die Liebe für dich selbst. Auch Geld ist ein Ausdruck der Fülle und damit der Liebe für dich selbst. Wir können materielle Fülle auch durch Mangel, Druck und Ego manifestieren. Ja, das geht. Aber es ist nicht der Weg, den ich dir zeigen möchte. Denn dieser Weg führt immer in die Sackgasse und die emotionale Leere.

Ich möchte dich einladen, mit deiner Herzkraft zu manifestieren, um etwas zu entdecken, das sehr viel größer ist, und zwar die Unendlichkeit deiner Seele. Die unendliche Kraft, die in deinem wunderschönen Körper zu Hause ist. Du selbst. Dein wahres Sein. Deine Unendlichkeit. Du hast dich selbst in all deiner Schönheit verdient. Ich lade dich ein, dich selbst zu treffen und deiner wahren Kraft zu begegnen.

Wie kannst du also dein Herz für dich öffnen? Es gibt viele Wege und sie haben alle ihre Herausforderungen. Ich möchte dir hier den Weg zeigen, der am leichtesten und dennoch sehr herausfordernd ist. Wir wurden in unserem Leben darauf programmiert, dass wir niemand Besonderes sind, nichts Besonderes können und daher auch nur ein ganz normales Leben haben können. Solange wir diese Aussage als Wahrheit akzeptieren, wird sie sich erfüllen, denn wir bekommen in unserem Leben das, was wir als Wahrheit akzeptieren.

Wenn ich Seelen-Readings für Kunden mache, sehe ich immer wieder, welche besonderen Gaben sie haben, die Schönheit ihrer Seele, ihre Fähigkeiten und natürlich auch ihre Herausforderungen. Wir alle sind einzigartig. Ohne Ausnahme. Jeder von uns hat besondere Gaben. Die einzige Frage ist, ob du sie lebst. Bist du bereit, dich zu erkunden, zu lieben und Gaben zu aktivieren? Das ist kein Umlegen eines Schalters, sondern eine Lebensentscheidung. Wenn man seine Gaben leben möchte, braucht es viel Heilung alter Verletzungen und das Ausradieren der oben genannten Überzeugungen wie „Ich bin nicht wichtig", „Ich bin nicht geliebt" und „Ich bin nicht genug".

In meinem Mentoring sehe ich immer wieder, wie viel passiert, wenn wir die Kraft der Liebe freisetzen. Ich sehe aber auch, wie viel Mut es braucht, denn unsere größten Gaben können wir nur dann leben, wenn wir unsere tiefsten Ängste überwunden haben. Ich bin dankbar für das Bezeugen wundervoller Heilungen und Transformationen. Jede dieser Transformationen beginnt mit der Entscheidung für dich. Mit der Liebe zu dir und dem Mut, dich deinen Ängsten und Verletzungen zu stellen.

Um dein Herz für dich zu öffnen, musst du deine Besonderheit und das Einzigartige in dir sehen. Das kann ich dir in einem Seelen-Reading sagen, doch das können dir auch deine Freundinnen, deine Kunden, deine Kollegen oder dein Partner und deine Eltern sagen. Hast du sie schon einmal gefragt? Es ist Zeit, dies zu tun. Schreibe es auf deine To-Do-Liste für diese Woche. Du wirst sehr positiv überrascht werden, denn andere sehen unsere Schönheit oft sehr viel leichter als wir selbst.

Setz dich zuerst mit dir selbst hin und spüre in dich hinein. Was macht dich besonders? Erlaube dir, die Wahrheit über dich zu sehen. Deine Besonderheit ist da. Erkunde sie. Schreibe alles auf, was dir einfällt. Sammle.

Und dann setz dich mit Freundinnen und deiner Familie hin, erkläre ihnen ein wenig, was du gelernt hast und zeigt einander eure Schönheit. Das, was euch besonders macht und was ihr am anderen besonders schätzt.

Erkundet euch, es wird nicht nur dir helfen, dich mehr zu lieben, sondern auch eure Beziehung stärken. Wenn du einen Partner hast, kannst du mit ihm das Gleiche tun. Es bringt eure Beziehung auf ein ganz neues Level mit mehr Tiefe, Offenheit, Verbindung, Wertschätzung und Einheit.

Je mehr du dich selbst siehst, desto mehr wirst du dich in dich verlieben. Dafür sind wir da, um einander immer wieder an unsere Einzigartigkeit zu erinnern, uns zu ermutigen, unseren Seelenweg mit Liebe, Hingabe und Wahrheit zu leben. Dich selbst zu lieben bedeutet immer auch, dass du deiner Bestimmung folgen und deinen Seelenweg gehen wirst. Mit reinem Herzen, Klarheit und Hingabe.

Vielleicht fragst du dich jetzt, was du denn für Gaben hast. Oft haben wir hier völlig überzogene Ansprüche an uns selbst. Erwartungen. Nicht jede Gabe endet in einem Berufswechsel oder der Selbstständigkeit. Gaben sind nicht dazu da, um ein Business daraus zu machen. Manchmal passiert das, doch es ist nicht erforderlich oder die Regel. Gaben sind dazu da, unser Leben und das Leben anderer zu bereichern, es mit mehr Liebe und Freude zu erfüllen.

Hier sind einige Gaben, die ich besonders schön finde, wenn ich sie in Seelen-Readings bei anderen sehe. Sie erscheinen uns oft als nicht besonders und das ist auch normal, denn unsere Gaben fallen uns leicht und sind normal für uns. Doch für andere können sie wichtig, besonders und hilfreich sein. Vergleiche deine Gaben nicht mit anderen. Jeder Vergleich ist zum Scheitern verurteilt, denn du bist einzigartig. Deine Gabe ist für deinen Seelenweg wichtig. Wenn du etwas nicht gut kannst, dann brauchst du es nicht für deinen Weg. Wenn du etwas besonders gut kannst, dann ist es für deinen Lebensweg wichtig. So einfach ist das. Vergleichen ist daher unnötig. Es reduziert außerdem auch die Chance auf tiefe Liebe für dich selbst. Liebe bedeutet, nicht zu werten, zu vergleichen oder zu bedauern. Liebe ist Liebe.

Ein paar Gaben, die viele Menschen haben und die so wertvoll für unsere Welt sind:

- **Gut zuhören können.** Das bedeutet, du bist ganz präsent im Moment und schenkst all deine Aufmerksamkeit der anderen Person. Damit bestätigst du ihren Wert und ihre Wichtigkeit. Dies ist so wertvoll und oft sehr heilsam für andere. Auch wenn der andere dies nicht bewusst wahrnimmt, unterbewusst kommt diese Botschaft immer an.

- **Für Balance sorgen können**. Ich treffe bei meiner Arbeit immer wieder auf wunderbare Frauen, die eine ausgleichende Energie haben. Sie transformieren oft die negativen Energien anderer. Sie sind wie ein Staubsauger für Stress und niedrige Schwingungen. Wo sie sind, dort kehrt Ausgeglichenheit, Freude und Entspannung ein. Dies ist eine Gabe wunderschöner Seelen. Diese Frauen sind oft liebevolle Mütter oder Heilerinnen. Dazu braucht es keinen Beruf. Sie betreten einen Raum und füllen ihn mit mehr Liebe, schlichtweg weil ihr energetisches Herz weit geöffnet ist und sie diese Liebe fließen lassen.

- **Halt geben können**, ist eine weitere wunderschöne Gabe, die oft übersehen wird. In einer Welt, die aus den Fugen geraten ist, ist diese Gabe unendlich wertvoll. So viele Menschen kämpfen tagtäglich mit ihrer inneren Zerrissenheit, Einsamkeit, Traurigkeit, Depression, Verlustgefühlen, den Folgen einer Trennung oder einem Arbeitsplatzverlust. So viele Menschen brauchen Halt. Diese Gabe kann auf vielen Ebenen ausgelebt werden und sie wird meist nicht gesehen, denn sie ist wie eine Charaktereigenschaft. Das macht sie aber nicht weniger besonders, ganz im Gegenteil.

- **Freude schenken können**, ist eine weitere Gabe, die meist nicht als Gabe gesehen wird. Wie wichtig Freude zum Manifestieren ist, hast du bereits gesehen. Freude schenken kann auf unzählige Arten passieren. Unter anderem in Form von Singen, Tanzen, gemeinsamem Sport, Ausflüge, tiefe und lustige Gespräche. Es ist die Energie, die vom jeweiligen Menschen ausgestrahlt wird und mehr Freude in das Leben anderer bringt. Dabei muss man sich nichts Besonderes überlegen oder sich gar anstrengen. Freude schenken ist eine kinderleichte Gabe, wenn man sie hat. Vielleicht kennst du auch Menschen, die du immer gern um dich hast, weil du einfach immer eine gute Zeit mit ihnen hast. Sie haben die Gabe der Freude und sicherlich auch noch weitere Gaben, wie das Ausstrahlen von Liebe, das Ausgleichen von Energien, feinfühlig oder achtsam zu sein.

Nun habe ich dir vier wunderschöne Gaben genannt, die von den meisten Menschen übersehen werden. Jetzt ist es an der Zeit, dass du in dich gehst. Finde deine Besonderheit. Sie ist da. Wenn du sie nicht sehen solltest, schaue ich es mir gern in einem Seelen-Reading an. Setz dich anschließend mit deinen Freundinnen hin und erkundet eure Gaben. Je mehr du dich siehst und du Feedback über die Schönheit deiner Seele von außen erhältst, desto weniger wirst du deine eigene Schönheit leugnen können und Schritt für Schritt wirst du dein Herz mehr für dich selbst öffnen.

Vielleicht fragst du dich, ob du dir deine Fehler vergeben musst, um dich selbst zu lieben. Ja und Nein. Was willst du dir vergeben? Schau es dir gern an. Und dann frage dich aufrichtig, ob du dir diese Dinge wirklich vorwerfen kannst. Hättest du das damals wirklich besser machen können?

Vergebung bedeutet im Grunde, dass du oder andere etwas falsch gemacht haben. Und ja, wir handeln nicht immer perfekt. Wir handeln oft halb perfekt und manchmal auch total daneben. Doch alles, was wir tun, tun wir so gut, wie es geht. Es ging nicht besser. Du hast in jedem Moment deines Lebens dein Bestes gegeben. Wenn du einen Fehler gemacht hast, dann war halt nicht mehr drin. Es ist wichtig zu akzeptieren, dass du wunderbar bist, aber nicht perfekt sein musst.

Ich habe Tausende Menschen ausgebildet und immer wieder gesehen, wie viel wir uns selbst vorwerfen. Wie hoch die Erwartungen an uns selbst sind und wie wenig Bereitschaft da ist, um sich selbst zu vergeben. Der Punkt dabei ist, ob wir bereit sind, die Wahrheit zu akzeptieren oder ob wir einer Illusion hinterherrennen möchten.

Damit meine ich: Bist du bereit, die Wahrheit zu akzeptieren, dass nicht mehr drin war? Dass es tatsächlich nicht besser ging? Oder brauchst du die Illusion, dass du es so viel besser hättest machen können? Du bist nicht dein altes Ich. Du hast dich weiterentwickelt, deshalb kannst du deine Fehler von damals sehen. Das ist gut. Es zeigt deine Veränderung und damit auch deine Heilung. Doch wenn du nun an diesem Punkt hängenbleibst und dich an diesen alten Fehlern aufhängst, dann kommst du nicht an dein Ziel von Freude, Liebe und Glück.

Akzeptiere, wer du warst und verstehe, warum es so war. Vielleicht waren es Kindheitserlebnisse, Inkarnationsprogrammierungen oder Muster deiner Ahnenlinie. Du bist du. Du heilst jeden Tag mehr. Du liebst jeden Tag mehr. Du bist nicht, was du getan hast. Du bist eine Seele, die immer mehr ihre eigene Schönheit sieht. Dazu gehört auch, die Vergangenheit mit den Augen der Liebe zu betrachten und unser Fehlverhalten zu sehen, zu akzeptieren und daraus zu lernen, aber nicht daran festzukleben.

Lass es los. Sieh, wer du jetzt bist. Wie wunderschön, kraftvoll, rein, voller Liebe und Wertschätzung. Sieh dich selbst und du wirst dir vergeben und in die Liebe für dich selbst zurückfinden. Denn du bist nicht mehr deine alte Version. Du wirst immer mehr zu deiner wahren Version. So wie deine Seele dich erschaffen hat.

Und dann lass uns noch eine Übung machen, die dir hilft, dein Herz für dich zu öffnen und die Liebe durch deinen Körper strömen zu lassen. Tanze etwas, schüttle deinen Körper etwas. Lass möglichen Stress los und komm ganz im Hier und Jetzt an. Setze dich dann hin und spüre in dein Herz. Dein Herz und nicht deine Herzwand, deine Herzmauern, deine Sicherheitszonen und all diese Geschichten, sondern nur dein Herz. Spüre, wie es pocht, wie viel Kraft es hat. Und wie viel Liebe da ist. So viel Liebe. Vielleicht gehen deine Mundwinkel dabei automatisch nach oben. Vielleicht nicht. Wenn deine Mundwinkel nicht bereits automatisch hochgewandert sind, lächle. Lächle bewusst und sende dein Lächeln zu deinem Herzen. Verbinde dich. Nimm die Ruhe des Herzens wahr. Nur unser Ego ist ständig in Stress, Angst oder Wut.

Unser Herz ist immer ruhig, entspannt und in der Liebe. Spüre diese Energie. Für eine Minute oder auch länger, wenn es dir möglich ist. Wie wäre es, wenn du ab heute jeden Tag eine Minute lang mit deinem Herzen präsent bist und die Liebe spürst, die darin wohnt? Was würde passieren? Was würde sich verändern? Alles, denn hier ist deine wahre Kraft. Hier bist du. Deine Liebe. Traust du dich, die Schönheit deines Herzens zu treffen? Nicht das gebrochene, einsame, traurige und verlassene Herz.

All das sind Verletzungen, die im Ego gespeichert sind. Sie sind nicht dein wahres Herz, denn das ist immer rein und kraftvoll. Es ist voller Liebe. Egal, was in deinem Leben vorgefallen ist. Deine Liebe verschwindet nie. Deine Liebe ist unendlich. Deine Liebe ist rein und kraftvoll. Es ist Zeit, dich wieder zu spüren, denn du bist Liebe.

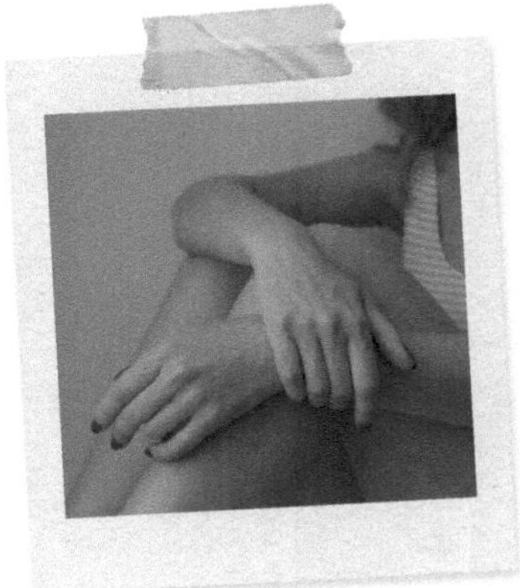

Step 5

Deine Schoßraumkraft erwecken – die Schöpferin in dir

1. Die weibliche Magie anerkennen und ehren
2. Fremdenergien deiner Ex-Lover aus deiner Yoni entfernen
3. Die Manifestationsblockaden deines Schoßraumes heilen
4. Deinen Schoßraum energetisch reinigen: Yoni-Steam
5. Feststeckende Energien aus dem Schoßraum lösen: deine Yoni-Connection
6. Verlorene Babys und Abtreibungen
7. Die Verletzungen deiner Ahninnen heilen
8. Leichteres Soul-Embodiment durch Schoßraumheilung

Deine Schoßraumkraft erwecken – die Schöpferin in dir

I. Die weibliche Magie anerkennen und ehren

Bevor wir beginnen, möchte ich darauf aufmerksam machen, dass dieses Thema viele Trigger birgt. Es ist ein sensibles Thema, daher besprechen wir das Manifestations-Power-Zentrum erst zum Schluss. Die eigene Sexualität anzuschauen und dadurch an mögliche traumatische Erlebnisse erinnert zu werden, tut weh, wenn sie noch nicht ganz geheilt sind. Erlaube dir hier behutsam vorzugehen.

Deine weibliche Kraft beginnt im Schoßraum, denn dort liegt das Portal zu anderen Welten. Als Frauen haben wir die Kraft, andere Seelen in diese Welt zu inkarnieren. Und das zeigt, wie viel Kraft die Frau hat und wie wichtig sie für die Zukunft unserer Erde ist. Es ist wichtig zu erkennen, was unsere Rolle als Schöpferin ist und uns als aktive Erschafferinnen der Zukunft zu verstehen. Wir können nicht nur andere Seelen gebären, was an sich schon magisch ist, sondern wir können mit der Kraft unseres Schoßraumes auch Projekte, Heilung, Veränderung und Transformation gebären.

In unserem Schoßraum beginnt neues Leben und er ist unsere Verbindung zu Mama Erde, anderen Welten und unseren Ahnen. Zu unserer Mama, Oma, Uroma und noch viel weiter zurück. Unser Schoßraum ist der heilige Gral. Der Heilige Gral, der so oft gesucht und von dem vielerorts behauptet wurde, es sei ein Kelch. Und tatsächlich ist es auch ein Kelch, nur ist es ein Kelch, der im Schoßraum jeder Frau sitzt und das ist auch der Grund, warum das Frausein in all den vergangenen Jahrhunderten so attackiert und klein gemacht wurde. Je mehr du deinen Schoßraum heilst, desto mehr werden sich deine Beziehungen verändern. Deine Beziehung zu dir, deinem Körper und deinem jetzigen oder künftigen Partner. Je mehr Heilung dein Schoßraum erlebt, desto kraftvoller wirst du.

Die Verletzungen, die wir im Schoßraum erleben, sind oft diese, die unsere Seele aus dem Körper schieben. Damit unsere Seele durch unseren Körper wirken kann, muss sie im Körper sein. Und genau das passiert, wenn wir den Schoßraum heilen. Wir heilen diesen Raum und ermöglichen der Seele, wieder in unseren Körper zurückzukommen.

Wenn wir dieses Manifestations-Power-Zentrum nutzen und uns mit dieser Kraft verbinden wollen, dann müssen wir diesen Ort zuallererst einmal reinigen. Wir müssen unsere Yoni und unseren gesamten Schoßraum von Fremdenergie und den Energien aller Ex-Partner reinigen.

Bevor wir diese wundervolle, kraftvolle Energie zum Manifestieren nutzen können, muss Heilung passieren. Solange dieses Kraftzentrum nicht geheilt ist, manifestieren wir Leid und Mangel. Je mehr du in die Liebe zu dir, deinem Schoßraum und deiner Yoni kommst, desto mehr kann deine Lebensenergie fließen. Du findest auf meiner Website eine Meditation, die dir hilft, deine Yoni zu heilen, dich mit ihr zu verbinden, mit ihr zu kommunizieren. Du findest Meditationen zum Heilen deiner Weiblichkeit und zum Erwecken deiner weiblichen Kraft.

Wenn wir den Zugang zu unserer Weiblichkeit verloren haben, dann fällt uns auch das Manifestieren schwer, denn Manifestieren ist etwas, das wir mit Freude, Leichtigkeit und Präsenz tun.

Schoßraumheilung bedeutet das tiefe Eintauchen in deine Liebesgeschichten und in die Geschichte deiner Weiblichkeit. Das beginnt mit diesen Fragen:

- Hast du dich von all deinen Partnern geehrt, geliebt und genährt gefühlt?
- Hast du bereits Heilrituale oder Heilzeremonien für deine Yoni gemacht?
- Hast du die Energien von Ex-Partnern bewusst aus deiner Yoni gereinigt?

Wenn du die Magie des Schoßraumes einmal erkundet hast, dann wirst du diese weibliche Kraft, die darin liegt, nicht mehr verschwenden und nicht wahllos mit anderen Menschen teilen wollen. Du wirst vielleicht einen ganz besonderen Seelenpartner in dein Leben rufen wollen und dich für bewusste Yoni-Heilung entscheiden.

Die Wissenschaft hat schon vor einer ganzen Weile herausgefunden, dass man die DNA eines Partners bis zu sieben Jahre lang in unserer Yoni finden kann. Sieben Jahre trägst du die Energien deiner Ex-Lover in dir. Wir lernen von unseren Müttern nicht, wie wir unsere Yoni nach einer Trennung energetisch reinigen. Mithilfe von Schamanismus können wir diese Energien entfernen.

2. Fremdenergien deiner Ex-Lover aus deiner Yoni entfernen

Ich lade dich ein, eine Liste deiner Yoni-Besucher zu machen. Also eine Liste mit all den Menschen, die deine Yoni berührt haben. Primär sind das Ex-Partner, One-Night-Stands und Tantra-Massagen, aber auch Ärzte gehören auf diese Liste.

Sie haben energetische Spuren hinterlassen und Reaktionen im Körper erzeugt. Das müssen keine schlechten Spuren sein, aber es ist wichtig zu wissen, welche Energien in deiner Yoni sind.

Wenn du dich nicht an den Namen erinnerst, schreib dir ein Merkmal auf, an das du dich erinnerst. Vielleicht steht dann auf der Liste „der Spanier", „die Italienerin", „die mit den braunen Locken" oder „der mit den grünen Augen". Das ist okay. Es geht nur darum, die Essenz des Menschen auf Papier zu bringen, der deine Yoni berührt und betreten hat.

Wenn du diese Liste hast, dann wirst mit dem Körperpendel testen, ob und welcher Heilbedarf besteht.

Bevor du ins Testen gehst, erinnere dich daran, deinem Körper Fragen zu stellen und ein wenig dein „Ja" und „Nein" auszuprobieren, bis du ganz klar spürst, was die Antwort ist. Bei einem „Ja" gehst du nach vorn. Nimmst du das wahr? Probiere es aus, bevor du die Liste testest. Was ist dein „Nein"? Gehst du nach hinten, wenn du das Wort sagst? Nimm es wahr.

Geh hin und teste aus, ob dieser Mensch deiner Yoni liebevoll begegnet ist. Du nimmst also den Namen und fragst „Ist (hier bitte den jeweiligen Namen einsetzen) meiner Yoni liebevoll begegnet?"

Dein Körper wird „Ja" oder „Nein" sagen. Und wenn dein Körper „Ja" sagt, dann ist es gut. Wenn dein Körper „Nein" sagt, dann markierst du dir diesen Namen, denn dann ist dies ein Kontakt, der zu heilen ist.

Als zweites fragst du: „Hat meine Yoni nicht geheilte Verletzungen von dem Kontakt mit (hier den Namen einsetzen)?"

Mit diesen beiden Fragen gehst du die Liste durch. Du kannst auch fragen: „Trägt meine Yoni noch emotionale Verletzungen von dieser Begegnung?", oder „Trage ich noch emotionale Verletzungen von dieser Begegnung?"

Spiele hier mit den Fragen und Formulierungen. Je nach Unterbewusstsein müssen wir andere Worte hören, um versteckte Verletzungen finden zu können.

Wenn du Verletzungen trägst, muss deine Yoni nicht zwangsläufig auch Verletzungen gespeichert haben, denn vielleicht sind die Verletzungen nicht in der Yoni, sondern in deinem Herzen gespeichert.

Du wirst mit diesen zwei Fragen nicht alles finden und das ist ok. Es geht nur darum, einen Einstieg zu ermöglichen.

Mit diesen beiden Fragen und ihren Variationen wirst du deine Liste durchtesten und dir alle Namen markieren, für die deine Yoni-Heilung benötigt.

Du wirst auch Kontakte auf deiner Liste haben, wo dein Unterbewusstsein keine Verletzungen wahrnimmt und das ist sehr gut. Dennoch müssen diese Abdrücke, welche energetische Einprägungen und Ablagerungen des anderen sind, aus deinem Körper entfernt werden. Jede Begegnung hinterlässt energetische Spuren und Abdrücke.

Du siehst schon, je nachdem, wie lang deine Liste ist, hast du hier möglicherweise ganz schön viel zu tun. Lass dich davon nicht entmutigen, sondern sieh darin eine Chance und Potenzial, denn wenn du das alles aus deiner Yoni und aus deinem Schoßraum geheilt hast, kommt viel Leichtigkeit. Du öffnest damit den Schoßraum und ermöglichst dir leichteres Manifestieren.

Mit Cord-Cutting die Energien von Ex-Lovern entfernen

Wir können unsere Schoßraumkraft nur dann aktivieren, wenn wir den Schoßraum im ersten Schritt von Fremdenergien, energetischen Verbindungen zu Ex-Partnern und feststeckenden Emotionen reinigen.

Wenn du zum ersten Mal mit deiner Yoni in einen echten Kontakt und ein aufrichtiges Gespräch gehst, dann wirst du wahrscheinlich von der Wucht ihrer Emotionen überrannt. Bei den meisten Frauen sind es Enttäuschung, Traurigkeit und Wut.

Basierend auf deiner erstellten Liste ist es nun wichtig, das Cord-Cutting zu beginnen. Es ist essenziell, alle alten Verbindungen durch Cord-Cutting zu beenden und alle nicht erfüllenden Begegnungen energetisch aus dem Schoßraum zu entfernen. Solange dies nicht passiert ist, kannst du deine Manifestationskraft nicht in ihrer Gänze aktivieren. Unsere Manifestationskraft wird von nicht geheiltem Trauma, nicht verarbeiteten Verletzungen und natürlich auch unseren Inkarnationsprogrammierungen reduziert. Dies muss alles Schritt für Schritt angegangen werden. Einer der ersten Schritte ist das Cord-Cutting von deinen Ex-Lovern.

Um das Cord Cutting von deinen Ex-Partnern zu beginnen, schau dir deine Liste an und wähle intuitiv den Menschen aus, mit dem du diese Arbeit beginnen möchtest. Dann schließe die Augen und verbinde dich mit deinem Schoßraum. Fühle in den Schoßraum hinein und lass dir von deinem Schoßraum die energetischen Verbindungsstränge zeigen, die zum Energiefeld dieses entsprechenden Ex-Partners führen.

Du wirst hier Energiestränge, energetische Kabel und Kordeln sehen. Ob du etwas siehst und wie viel, hängt von deiner intuitiven Fähigkeit ab. Das ist eine Fähigkeit, die man trainieren muss, um es wirklich gut machen zu können. Gib dir also Zeit und Ruhe. Auch wenn du visuell wenig wahrnehmen würdest, ist das entscheidende deine Intention. Sei im Frieden mit dem Umfang dessen, was du gezeigt bekommst und verbinde dich ganz bewusst mit der Intention der Trennung von diesen Energien. Fokussiere dich also auf das Loslassen der Energien, die dich noch mit der jeweiligen Person verbinden.

Gib dann in Gedanken die Anweisung diese Verbindung zu beenden und sage: „Ich bin frei und du bist frei". Wiederhole dies dreimal. Schau zu, was mit diesen Energieverbindungen passiert und ob die Stränge sich auflösen. Sie werden sich nicht alle auf einmal auflösen, denn wenn du es zum ersten Mal machst, ist deine Intention in der Regel noch schwach. Verbinde dich daher ganz bewusst mit dem Ziel, diese Verbindung definitiv zu beenden.

Wir halten oft unterbewusst an Ex-Partnern fest, auch wenn diese schon lange weg sind. Der Grund ist, dass wir uns ansonsten allein fühlen und unsere Emotionen konfrontieren müssten ohne eine Schulter zum Anlehnen. Es gibt tatsächlich viele Gründe, warum wir diese Fremdenergien von anderen Menschen behalten, doch der Hauptgrund ist, dass wir uns nicht allein fühlen wollen.

Solange wir diese Fremdenergien von Ex-Lovern in unserem Körper haben, können wir diese Menschen energetisch immer wieder in unser Leben ziehen. Auf diese Weise bist du energetisch mit vielen Personen verwoben, die sich jederzeit mit deiner Energie verbinden und sich dieser bedienen können, auch ohne, dass du es merkst. Durch das Unterlassen von Cord-Cutting geben wir diesen energetischen Übergriffen unsere Erlaubnis.

Um deine Schoßraumkraft zum Manifestieren nutzen zu können, ist es wichtig, dass diese Energie nicht an andere Menschen verloren geht. Daher ist das Cord-Cutting so wichtig. Nimm dir genügend Zeit und mache es pro Person mehrfach, denn für die meisten ist es ein Prozess, der länger dauert.

Diese Verbindungen werden aus mangelndem Selbstwert, fehlender Selbstliebe, Unsicherheit und Einsamkeit unterbewusst oft aufrechterhalten oder immer wieder aktiviert. Hier ist es wichtig, die eigenen Liebesmuster zu durchschauen und zu heilen. Je mehr Heilarbeit du also schon für dein Herz gemacht hast, desto leichter fällt dir dieser Schritt.

Wenn du möchtest, kannst du zum Cord-Cutting auch die entsprechende Meditation von meiner Website nutzen.

3. Die Manifestationsblockaden deines Schoßraumes heilen

In deinem Schoßraum befindet sich der Ursprung deiner Manifestationskraft, deshalb ist es so wichtig, die Verletzungen deines Schoßraumes zu heilen und die Manifestationsblockaden aufzulösen.

Damit du nicht selbst suchen musst, habe ich dir wie zuvor eine Übersicht der häufigsten Manifestationsblockaden dieses Manifestations-Power-Zentrums erstellt. Die folgende Liste wird dir helfen, auszutesten, welche Muster und Blockaden in deinem Schoßraum gespeichert sind.

Das Testen dieser Aussagen kann sehr aufwühlend sein, da wir einen Lebensbereich ansprechen, der viele verborgene Verletzungen trägt. Geh also sehr behutsam vor.

Erinnere dich, dass wir noch immer in der Phase des Sammelns, Mustererkennens und Klarheitfindens über all das, was deine Manifestationskraft im Moment noch blockiert, sind. Und später gehen wir hin und bringen alles in die Heilung. Schritt für Schritt kommst du in deine Kraft.

Wir bilden hier also das Fundament, um zu schauen, wo es stabil ist und wo es noch mehr Halt braucht. Lass uns nun die Glaubenssätze anschauen, die ich dir zum Testen vorschlage. Wir werden Aussagen und Sätze zu folgenden Themen ansprechen:

- Deine Liebesbeziehungen
- Die Verletzungen deiner Mutter
- Die Verletzungen deiner Großmutter
- Die Verletzungen deiner Vorfahren

Auf manche Sätze und Fragen kennst du die Antwort mit deinem Verstand und auf andere weißt du die Antwort nicht. Es ist daher wichtig, auf dein Körperpendel und die Botschaften deines Körpers zu vertrauen.

Wann immer du unsicher oder nervös wirst, teste wieder ein bisschen dein „Ja" und dein „Nein". Erde dich. Spüre deine Füße auf dem Boden. Schüttele die Arme, Hände und Beine. Das holt dich in den Körper zurück und hilft, die Energien zu balancieren und Stress loszulassen.

Fangen wir nun mit dem Testen an. Stell dich hin. Schließe deine Augen und sage „Ja". Spüre, ob und wie weit dein Körper nach vorn geht und dann wieder von allein in die Mitte zurück pendelt. Wenn du in der Mitte bist, sagst du „Nein" und du wirst spüren, wie dein Körper von allein nach hinten pendelt und wieder zurück nach vorn in die Balance kehrt.

Spiele ein bisschen damit. Experimentiere. Finde Vertrauen. Teste ein paar Aussagen wie deinen Namen, deinen Wohnort, deine Haarfarbe oder deine Augenfarbe, bis du wieder ganz sicher bist, dass du deinen Körper jetzt gut verstehst und das Körperpendel gut für dich funktioniert. Anschließend teste die folgenden Fragen und Aussagen.

Kleine Erinnerung: Es geht nur um die Überzeugungen deines Unterbewusstseins. Dein Verstand wird manchmal sagen, dass das nicht stimmt, aber er hat keinen großen Einfluss auf unser Leben. Das Unterbewusstsein entscheidet, was in deinem Leben passiert und was du manifestieren kannst. Erlaube ihm also jede Antwort und sei entspannt, denn was dir nicht gefällt, lässt sich ja ändern.

Jede Blockade und jede Fehlannahme des Unterbewusstseins, die du findest, hilft dir, deine Manifestationskraft leichter und schneller zu reinigen und zu stärken. Sprich, jedes Muster, das du findest und löst, bringt dich mehr in deine Kraft.

Teste diese Aussagen darauf, ob dein Körperpendel „Ja" oder „Nein" sagt. Notiere dir alle Aussagen, die nicht so sind, wie du sie haben möchtest und die auf Blockaden hinweisen.

Wenn du zum Beispiel den Satz „Ich erlaube meiner Yoni, sich zu öffnen" mit „Nein" beantwortest, gehört dieser auf deine Liste. Wenn du „Ich habe Angst, meine weibliche Energie fließen zu lassen" mit „Ja" beantwortest, gehört dieser auch auf die Liste. Erinnere dich daran, dass es nicht um „Ja" oder „Nein" geht, sondern um die Aussage, ob sie dir gefällt und sie gut für deine Manifestation ist. Alles, was blockiert, notierst du dir, denn wir werden es später heilen.

Teste diese Aussagen mit dem Körperpendel:

- Ich habe Angst vor meiner weiblichen Kraft.
- Ich bin im Frieden mit meiner weiblichen Kraft.
- Ich muss meine weibliche Energie schützen.
- Ich erlaube meiner weiblichen Energie zu fließen.
- Ich habe Angst davor, meine weibliche Energie fließen zu lassen.
- Ich habe meinen Schoßraum verschlossen.
- Ich habe meine Schoßraumkraft verschlossen.
- Ich kann meine Lebensenergie im Schoßraum spüren.
- Ich habe Fremdenergien in meiner Yoni.
- Ich habe noch energetische Abdrücke in meiner Yoni.
- Ich trage Leid meiner Ahninnen in meiner Gebärmutter.
- Meine Yoni trägt Verletzungen.
- Meine Yoni macht mir Vorwürfe.
- Meine Yoni trauert.
- Meine Yoni ist aus der Balance.
- Ich bin bereit, die emotionalen Verletzungen meiner Yoni anzusehen.
- Ich trage noch energetische Abdrücke von Ex-Partnern in meiner Yoni.
- Ich hänge emotional noch an meiner letzten Beziehung.
- Meine Yoni ist noch mit meinem Ex-Partner verbunden.
- Ich habe Seelenfragmente bei meinem Ex-Partner platziert.
- Körperliche Nähe macht mir Stress.
- Ich bin im Frieden mit meiner Weiblichkeit.
- Ich liebe meine Weiblichkeit.
- Ich liebe meine Yoni.
- Ich liebe meinen Schoßraum.
- Ich kann meine weibliche Energie durch meinen Schoßraum fließen lassen.
- Ich habe noch emotionale Verletzungen von einer Fehlgeburt.
- Meine Yoni hat einen unerfüllten Kinderwunsch.
- Ich bin bereit, die Kraft meines Schoßraumes zu leben.
- Ich bin bereit, meine Schoßraumenergie für meine Manifestationen zu nutzen.

Wenn du nun deine Liste der Manifestationsblockaden deines Schoßraumes hast, kannst du beginnen, diese mit der Meditation zum Lösen von Blockaden anzugehen. Gehe hier besonders bewusst und langsam vor, denn das Auflösen dieser tiefen Blockaden bringt alte Trauer, Wut und Angst hoch. Überfordere dich nicht, sondern geh liebevoll mit dir um. Das bedeutet, das Tempo anzupassen sowie langsam und behutsam zu arbeiten.

Falls du dir die Meditation, die ein kostenfreier Bestandteil dieses Buches ist, noch nicht heruntergeladen hast, kannst du dies hier tun.

Führe die Meditation zum Lösen von Blockaden regelmäßig durch. Die Schoßraumblockaden sind oft sehr tief und es wird etwas Zeit brauchen, um sie in der Gänze zu lösen. Doch der Aufwand lohnt sich, denn je freier die Energien deines Schoßraumes fließen können, desto kraftvoller und schneller werden deine Manifestationen.

Da unser Schoßraum viele energetische Manifestationsblockaden trägt, ist es sehr wichtig, nicht nur die Meditation zum Lösen von Blockaden zu machen, sondern auch das Cord-Cutting und alle im Folgenden genannten Übungen.

4. Deinen Schoßraum energetisch reinigen: Yoni-Steam

Um deine Yoni von alten Energien zu reinigen, ist es sehr hilfreich, auch regelmäßige Yoni-Steams zu machen. Das ist ein Dampfbad für deine Yoni. Dazu wählst du Kräuter deiner Wahl, zum Beispiel Rosenblüten, Lavendel, Salbei oder Rosmarin. Lass dich von deinem Gefühl führen oder kaufe dir eine Yoni-Steam-Kräutermischung. Die Kräuter kochst du genauso wie für einen Tee auf und gibst das heiße Yoni-Steam Wasser anschließend in eine Schale.

Die bequemste Form des Yoni Steam ist es, auf deiner Toilette zu sitzen. Dazu stellst du die Schale mit dem Yoni Steam Wasser einfach in deine Toilette. So stellst du sicher, dass du dich nicht an der heißen Schale verbrennst und der Dampf sich schön ausbreiten kann. Alternativ kannst du die Schale auch auf den Boden stellen und dich darüber knien, dies ist aber deutlich unbequemer und wird meist nur in gemeinsamen Yoni-Steam-Ritualen gemacht. Mach es dir einfach: Mach es dir bequem.

Während du den Yoni-Steam aufbrühst, verbinde dich mit deiner Intention. Was möchtest du loslassen? Was möchtest du energetisch reinigen? Hast du Emotionen, die deine Yoni noch trägt und die du loslassen möchtest? Je klarer unsere Intention ist, desto kraftvoller ist ein Yoni-Steam. Hier ist es also wichtig, präsent zu sein und dich bewusst mit dir, deiner Yoni und deiner Intention zu verbinden.

Die Intention ist entscheidend. Wenn wir etwas mit einer bewussten Intention machen, können wir es als Zeremonie erleben. Und dadurch bekommt unser Tun mehr Kraft, weil wir mit Herz und Seele dabei sind, anstatt nur mit dem Kopf.

Daher sind hier einige Vorschläge für kraftvolle Intentionen, die dir helfen, deinen Schoßraum von energetischen Überbleibseln und Blockaden zu befreien.

Intentionen zum Lösen der Energien von Ex-Partnern:

„Ich möchte die Energie meines Ex-Partners __________ (Name einfügen) entfernen." Dies ist der prominenteste DNA-Abdruck, den wir haben, und er sollte entfernt werden, besonders wenn du aktuell single bist und dir einen neuen Partner wünschst.

„Ich möchte meine Yoni von den Energien aller One-Night-Stands entfernen." Diese hinterlassen große energetische Blockaden, die Herzenswünsche, einen Kinderwunsch oder Partnerschaftswunsch oft für lange Zeit unbemerkt verhindern können.

„Ich möchte die Energie von Ex-Partnern und Lovern entfernen." Du kannst auch mit der Intention in ein Yoni-Steam-Ritual gehen, alle Abdrücke von Ex-Lovern auf einmal zu entfernen. Dies ist weniger kraftvoll, als wenn du dich auf die Reinigung der Energien von einer speziellen Person konzentrierst, aber wenn es viele Besucher waren, dann ist dies ein guter Einstieg. Und später kannst du dich dann auf diejenigen konzentrieren, die dich verletzt haben oder an denen dein Herz noch immer hängt.

Intentionen zum Lösen feststeckender Emotionen:

Die Yoni trägt Emotionen, die es oft nicht bis in unser Bewusstsein schaffen. Dies hast du beim Testen der energetischen Blockaden sicherlich schon bemerkt.

Diese Emotionen allmählich mit Yoni-Steams energetisch in die Heilung zu bringen, ist sehr kraftvoll. Dazu brauchst du Präsenz, Ruhe und die klare Intention zu Beginn. Diese Intentionen sind sehr kraftvoll:

- „Ich möchte meine Yoni von Wut und Traurigkeit reinigen."
- „Ich möchte alten Schmerz loslassen."
- „Ich möchte meine Yoni von Angst erlösen."
- „Ich möchte meine weibliche Kraft heilen."

Intentionen, die deine weibliche Kraft stärken:

Deine Yoni ist das Zentrum deiner weiblichen Kraft und der Geburtsort deiner Manifestationen. Wenn du spürst, dass du deine Intention deiner weiblichen Kraft widmen möchtest, entsteht viel Energie für die Verwirklichung deiner Manifestationen. Alles, was deine gesunde Weiblichkeit nährt, stärkt auch deine Manifestationskraft.

- „Ich möchte meine Weiblichkeit mehr leben."
- „Ich möchte meine weibliche Energie mehr spüren."
- „Ich möchte meine Seelenkraft fließen lassen."

Intentionen, um deinen Seelenpartner zu manifestieren:

Dein Schoßraum hat großen Einfluss darauf, ob und wie schnell du einen Seelenpartner manifestieren kannst. Je mehr Heilung deine Yoni erlebt, desto schneller wirst du dir eine erfüllende Beziehung manifestieren können. Deine Intention liegt dafür idealerweise nicht nur auf dem Aspekt der Heilung, sondern auch auf dem Einladen einer neuen Beziehung. Wenn alter Schmerz, Traurigkeit und emotionale Verletzungen gegangen sind und du alle energetischen Abdrücke von Ex-Partnern entfernt hast, ist sie im Grunde wie ein Magnet für die wahre Liebe. Denn sie strahlt deine Seelenessenz aus.

- „Ich möchte meinen Seelenpartner manifestieren."
- „Ich möchte mich auf meinen Seelenpartner vorbereiten."
- „Ich möchte mehr lieben können."
- „Ich möchte mehr Liebe annehmen können."
- „Ich möchte mich wieder verlieben."

Intentionen zum Stärken deiner Manifestationskraft:

Jede Heilung stärkt deine Manifestationskraft. Egal, ob du Energie-Clearings mit der Meditation zum Lösen von Blockaden, Cord-Cutting oder Yoni-Steam machst, all das stärkt deine weibliche Energie, reinigt deinen Schoßraum und lässt deine Manifestationskraft leichter fließen.

Wenn du deine Intention ganz gezielt auf das Stärken deiner Manifestationskraft legen willst, dann ist auch das möglich. Der Weg zum kraftvollen Manifestieren besteht immer darin, im ersten Schritt zu reinigen, also zu entfernen, was nicht zu dir gehört, und im nächsten Schritt zu nähren, also das in dir zu stärken, was deine Seelenessenz ausmacht. Beides zusammen bezeichnen wir als Heilung, doch es sind immer diese beiden Schritte nötig. Mit den folgenden Intentionen kannst du Heilung gestalten, ohne dich auf einen spezifischen Bereich zu fokussieren.

- „Ich möchte mehr Kraft für meine Manifestationen."
- „Ich möchte meine Schoßraumkraft zum Manifestieren nutzen."

Wenn du deine Intention gewählt hast, verbindest du dich intensiv mit dieser Intention, während du die Yoni-Steam Kräuter aufkochst. Idealerweise zündest du einige Kerzen in deinem Badezimmer an und dunkelst den restlichen Raum ab. Stell die Schale in die Toilette und wenn du möchtest, lege zusätzlich ein Badetuch über deine Beine, damit der Dampf besser gehalten wird. Achte darauf, dass du dich nicht verbrennst. Sei völlig im Moment präsent.

Verbinde dich mit deiner Yoni und nimm wahr, welche Emotionen und Erinnerungen hochkommen. Verliere dich nicht in Gedanken an Vergangenes und erlaube dir gleichzeitig alle Emotionen fließen zu lassen. Ein Yoni-Steam kann tiefe Emotionen freilegen, erlaube dir diese emotionale Reinigung.

Umgekehrt ist es natürlich auch möglich, dass aus Sicht deines Verstandes gar nichts passiert und keine Emotionen und Erinnerungen hochkommen.

Wenn du weißt, dass du ein Kopfmensch bist, dann mach vorher einige der Quick-Fixes. Tanze, schüttle und bewege deinen Körper, nimm ein entspannendes Bad oder mach ein Salz-Peeling in der Dusche. So holst du deine Wahrnehmung mehr in den Körper. Du kannst auch Qigong nutzen und die im Gehirn gebündelte Energie bewusst im Körper verteilen. Qigong ist hierfür wunderbar geeignet. Und dann vertraue in dich, den Prozess und den Weg deiner Seele, selbst wenn beim ersten Mal nichts Weltbewegendes passieren sollte. Du öffnest eine Tür und beginnst einen sehr femininen Heilweg, denn du gehst in die Verbindung mit deiner Weiblichkeit.

5. Feststeckende Energien aus dem Schoßraum lösen: deine Yoni-Connection

Deinen Schoßraum von Fremdenergien, energetischen Blockaden und feststeckenden Emotionen zu klären, darf deine oberste Priorität beim Stärken deiner Manifestationskraft sein. Deshalb ist es wichtig, eine liebevolle Beziehung zu deiner Yoni aufzubauen, deine Yoni-Connection.

Es ist wichtig, regelmäßig in dich, deinen Körper und dein Herz hinein zu spüren. Wie geht es dir und wie geht es deinem Schoßraum? Welche Erinnerungen nimmst du in deinem Körper wahr? Welche Emotionen sind präsent? Wie fühlst du dich in dieser Verbindung? Entspannt oder beschämt? Frei und liebevoll oder verunsichert?

Deine Beziehung zu deinem Schoßraum sagt viel über deine Beziehung zum Leben aus, denn hier wird das Leben geboren, ganz unabhängig davon, ob du Kinder hast oder nicht. Es ist der Ort der Kreation, des Lebens und des Erschaffens. Genau deshalb liegt bei uns Frauen so unendlich viel Manifestationskraft verborgen, die nur darauf wartet, aktiviert zu werden.

Nimm dir einmal die Woche Zeit für deine Yoni-Connection. Sei bei dir, präsent im Moment. Was macht das mit dir, ein Yoni-Date zu haben? Was passiert in deinem Körper, wenn du weißt, dass du dich nun mit deiner Weiblichkeit beschäftigst und was ist damit konkret gemeint? Es geht darum, dich wieder mit der Quelle deiner weiblichen Kraft zu verbinden. Ganz unvoreingenommen, wertungsfrei, erwartungsfrei und liebevoll.

Spüre in deine Yoni hinein. Nimm wahr, was ist, ohne zu bewerten. Kannst du sie spüren? Kannst du dich und deine Emotionen spüren? Was macht das mit dir, diese Emotionen zu spüren? Und falls du nichts spürst, was macht das mit dir? Stress und Überforderung? Achte auf deine Körperreaktionen, deine Gedanken und all das, was jetzt hochkommen mag.

Eine liebevolle Yoni-Connection aufzubauen ist für uns meist schwerer, als es auf den ersten Blick erscheint. Es setzt voraus, dass wir uns selbst vollkommen annehmen und lieben, wobei wir oft große Mauern um unser Herz herum haben, die uns daran hindern, vollkommene Liebe für uns, unser Sein, unsere Entscheidungen und Handlungen zu empfinden.

Wenn du möchtest, kannst du die Yoni-Meditation von meiner Website nutzen, darin führe ich dich in einen entspannten Zustand und leite dich durch deine Kommunikation.

Hinweis: **Es folgt ein Abschnitt, der Fehlgeburten und Abtreibung thematisiert.**

6. Verlorene Babys und Abtreibungen

Vielleicht hattest du Operationen am Unterleib, eine Abtreibung oder Fehlgeburten. Auch diese müssen energetisch geheilt werden. Abtreibungen und Fehlgeburten benötigen besonderer Heilung. Hier ist es wichtig, in Zeremonie zu gehen und das Baby noch einmal bewusst zu verabschieden und dich zu bedanken, falls du das nicht bereits getan hast.

Es ist wichtig, loszulassen und das Kind Mama Erde und den Sternen zurückzugeben. Egal, wie lange es her ist. Ich sehe immer wieder bei meinen Klientinnen, wie heilsam es ist, das Baby bewusst loszulassen. Hierzu kannst du die Meditation „verlorenes Baby“ von meiner Website nutzen oder du gehst in den Wald zu Mama Erde und machst dort deine ganz eigene Verabschiedungszeremonie.

Heilung durch Verabschiedungszeremonien

Du kannst eine Verabschiedungszeremonie für dein Baby machen. Wähle einen für dich bedeutungsvollen Edelstein aus und gehe damit in den Wald. Lass dich von deiner Intuition führen. Sammle auf deinem Weg Steine, Blätter und Zweige. Deine Seele wird dich zu einem Baum führen, an dem du dein Baby beerdigen und an Mama Erde zurückgeben darfst. Samt aller Last, Traurigkeit und möglicherweise auch Schuld und Schamgefühlen.

Knie dich vor den Baum. Bitte um seine Erlaubnis und Hilfe. Atme die Waldluft, spüre den Waldboden unter dir. Grabe eine kleine Kuhle in die Erde vor dem Baum. Nimm deinen Edelstein noch einmal an dein Herz und übergib diese Opfergabe dann an den Waldboden. Gib die Blätter, Steine, Zweige in und auf die Kuhle.

Es gibt hier keine Regeln, es ist nur wichtig, auf deine Seele zu hören. Verabschiede dich in Worten und in Gedanken. Nimm dir Zeit dafür, erlaube deinem Herz diesen alten Schmerz an Mama Erde abzugeben. Und wenn du es ihr erlaubst, wird sie dir zeigen, dass du Mama bist, egal, ob du Kinder hast oder nicht. Du hast diese Seele in deinem Körper getragen, sie hat dich als Mutter ausgewählt und du warst Mama, wenn auch nur für ein paar Wochen oder Monate. Spüre, was das mit dir macht. Es ist ein wichtiger Teil der Heilung. Ob du das Baby wolltest oder nicht, gerade auch dann, wenn du es nicht wolltest.

Weiblichkeit zu leben bedeutet Mama zu sein und wenn wir diese Rolle abgelehnt haben, sehnt sich das Herz nach Heilung. Erlaube dir, dass Mama Erde dich sieht, dich nährt und dich frei von Wertung trägt. Gib deine Selbstwertung und mögliche Selbstverurteilung ab. Erlaube dir, dich zu lieben.
Lass alle Traurigkeit, Ohnmacht und auch Wut beim Baum. Er wird diese Energien transformieren.

Dann bedanke dich beim Baum, bei der Erde, bei den Waldfeen und Waldgeistern, bei den Elementen, Papa Himmel und Mama Erde. Bleib so lange, bis du spürst, dass du bereit bist, weiterzugehen. Wenn du mehrere Babys verloren oder weggesendet hast, benötigst du diese Zeremonie für jede einzelne dieser Seelen.

7. Die Verletzungen deiner Ahninnen heilen

Wir im Westen haben die Verbindung zu unseren Ahninnen meist verloren, aber das heißt nicht, dass sie weg ist. Wir können diese Verbindung jederzeit wieder aufnehmen und dazu gehört auch, unsere Ahnenlinie zu heilen.

Wenn wir die gespeicherten Verletzungen in unserem Schoßraum heilen, können wir die Führung und Hilfe unserer Ahninnen wieder mehr spüren. Die Heilung des Schoßraumes stärkt unsere Ahnenverbindung. Wir haben uns dieser Heilung angenommen, aber nicht bewusst mit unserem Verstand, sondern in dem Moment, als die Seele diese Ahnenlinie wählte. Ja, du bist hier, um deine Ahnenlinie zu heilen und das fängt in deinem Schoßraum an.

In dem Moment, in dem du deinen Schoßraum energetisch von altem Schmerz und Leid reinigst, wird deine Kraft größer. Solange der Schoßraum noch Trauma, Verletzungen, Übergriffe und Traurigkeit trägt, können wir nicht in unsere Kraft kommen. Dementsprechend werden unsere Manifestationen anhaltend blockiert. Sie werden klein gehalten und limitiert, verzögert und abgeschwächt. Das heißt, sie kommen nicht in ihrer schönsten Form. Doch in dem Moment, wo du deinen Schoßraum erstrahlen lässt, gehst du in deine weibliche Kraft.
Was wird nun passieren, wenn du dich deinem Schoßraum widmest? Wird direkt alles schöner werden? Wird gleich alles einfacher werden? Wird sofort alles leichter werden? Wird dein Leben fließen und jede Manifestation wahr werden? Nein.

Zuerst einmal wird alter Schmerz hochkommen. Von dir, deiner Mama, deiner Oma und all den Vorfahrinnen, die du gar nicht kennst. Du kannst sie aber in Meditation und in Zeremonie treffen.

Deine Vorfahrinnen leben in dir. Du bist ihre Manifestation. Du bist ihre Zukunft. Du bist die Zukunft, die sie sich gewünscht haben für eure Ahnenlinie.

Deine Ahninnen werden dich feiern. Deine Ahninnen lieben dich und sie werden dir dankbar sein für jede Heilung, die du vollbringst. Denn jede Heilung, die du für dich machst, ist eine Heilung, die du auch für sie machst. Jede Heilung, die du für dich machst, ist ein Geschenk für deine Ahninnen. Jede Heilung ist ein Teil deiner Bestimmung, denn ein großer Teil deiner Bestimmung ist das Heilen deiner Ahnenlinie und das Erwecken deiner weiblichen Kraft.

Ahnenheilung durch Feuerzeremonie

Um die Energien der Ahninnen zu klären, sind Feuerzeremonien sehr kraftvoll. Wenn dir ein echtes Feuer nicht möglich ist, dann nimm eine Kerze zu Hilfe. Es ist das Arbeiten mit der Kraft des Lichtes und des Feuers.

Bau dir einen Altar aus Federn, Steinen, Blüten, Blättern, Edelsteinen und allem, was dir wichtig ist. Erschaffe dir einen permanenten Ort des Gedenkens an deine Ahninnen, ein Ort, an dem du dich mit ihnen verbinden kannst.

Zur Vorbereitung: Geh duschen, räuchere dich und reinige deine Gedanken. Vor jeder Zeremonie ist es wichtig, rein zu sein. Dazu kannst du auch die Quick-Fixes Tanzen, Qigong und Singen verwenden. Sie helfen dir, deinen Geist zu reinigen und zu beruhigen.

Setz dich dann mit deiner Kerze an den Altar und werde dir deiner Intention klar. Möchtest du Heilung oder Verbindung mit deinen Ahninnen? Sei konkret, genau und spezifisch. Die Qualität einer Zeremonie wird von der Klarheit der jeweiligen Intention entschieden. Nimm dir genügend Zeit dafür.

Wenn du deiner Intention klar bist, eröffne die Zeremonie, indem du dich bedankst. Ja, wir bedanken uns zuerst bei Mama Erde, Papa Himmel, den Elementen und den Geistwesen des Ortes, an dem du gerade bist und auch bei deinen Ahninnen und wenn du möchtest, auch bei deinen Krafttieren. Lade keine spirituellen Helfer, Engel oder Geistwesen ein.
Dies führt oft dazu, dass unwissentlich Entitäten eingeladen werden, die nicht wohlwollend sind, sich als spirituelle Helfer tarnen und dann deine Energien entziehen und manipulieren.

Platziere die Energie deiner Intention anschließend im Feuer: Entzünde die Kerze und gib deine Intention hinein. Je nachdem, ob du Verbindung, Heilung, Reinigung oder Hilfe suchst, verläuft die Zeremonie anders. Lass dich hier von deinem Herzen und deiner Seele steuern. Vertraue. Vertrauen ist das wichtigste bei der Heilung. Jede Zeremonie ist anders und einzigartig, denn jede Intention ist individuell.

Wenn du das Gefühl hast, zu Beginn mehr Führung zu brauchen, nutze die Meditation „weibliche Kraft" von meiner Website, darin leite ich dich durch eine Zeremonie mit deinen Ahninnen.

10. Leichteres Soul-Embodiment durch Schoßraumheilung

Es ist wichtig, die Seele immer mehr in den Körper zu ziehen und nicht aus dem Körper hinauszugehen. Wie so vieles in unserer Welt ist auch in der Spiritualität vieles verdreht. Erleuchtung bedeutet, das Licht der Schöpfung durch deinen Körper strahlen zu lassen und nicht deinen Körper zu verlassen.

Das bedeutet, dass das Licht der Schöpfung in deinen Körper gezogen und dann durch deinen Körper ausgestrahlt wird. Schau dir mal die Darstellung der Heiligenscheine in den alten Schriften und Gemälden an. Jesus hat uns gezeigt, was Erleuchtung ist: Er strahlte und dieses Strahlen heilte andere. Unsere gelebte Verbindung zur Schöpferkraft ist die Kraft, mit der wir heilen und manifestieren.

Wir haben gelernt, den Schmerz herunterzuschlucken, wegzustecken, zu vergessen, zu betäuben und zu ignorieren. Drogen. Alkohol. Zigaretten. Zucker. Sie helfen uns dabei, nicht fühlen zu müssen, betäuben, stumpfen uns ab und benebeln uns. Wir alle haben Momente erlebt, in denen wir ein Stück weit aus unserem Körper heraus mussten, um die Gegenwart leichter ertragen zu können. Doch um wirklich glücklich und erfüllt zu sein und mit unserer Seelenkraft manifestieren zu können, muss unsere Seele in unserem Körper sein.

Warum wollen wir nicht fühlen? Weil wir glauben, dem Schmerz nicht gewachsen zu sein und nicht mehr wissen, wie wir Schmerz lösen. Auf meiner Website findest du Onlinekurse, die dir zeigen, wie du mit Body-Keys heilen kannst, es sind Schlüsselbewegungen zum Lösen von feststeckenden Emotionen. Alte Verletzungen aus dem Körper und Unterbewusstsein zu lösen braucht Zeit, das richtige Know-how und vor allem ein Nervensystem, das bei der Heilung nicht überfordert wird, sondern die Heilung unterstützt.

Das wichtigste Tool, um deine Heilung leichter zu gestalten, ist, dein Leben mit so viel Freude wie möglich anzureichern. Jede Heilung ist leichter, wenn wir Freude empfinden und tatsächlich ist Heilung auch nur dann möglich, wenn wir Freude empfinden. Freude ist eine große Ressource zur Heilung alter Verletzungen, da sie deinen ganzen Körper entspannt.

Und so lade ich dich ein, mit der Heilung deines Schoßraumes zu beginnen und jeden Tag so viel Freude wie möglich in deinem Leben zu empfinden oder zu erschaffen. Insbesondere durch die Quick-Fixes Singen, Tanzen, Bewegung und in der Natur sein.

Body-Keys für das Fließen deiner Manifestationskraft

Um mit der Kraft unserer drei Manifestations-Power-Zentren manifestieren zu können, müssen wir in unserem Körper präsent sein. Doch das sind die meisten Menschen nicht. Viele von uns leben in ihrem Kopf, ab dem Hals aufwärts. Im Denken, statt im Fühlen, obwohl zweiteres unsere Manifestationskraft stärkt.

Wenn wir keine tiefen, innigen und starken Gefühle erleben, dann bleibt das wahre Potenzial unserer Manifestationskraft verborgen. Es schläft. Um deine Manifestationskraft zu erwecken, ist es daher essenziell, dass du mit deiner Seele und deiner Präsenz vollkommen im Körper bist und dich dort sicher und wohl fühlst.

Deinen Körper zu lieben bedeutet, ganz und gar im Hier und Jetzt sein zu wollen. Je mehr du deinen Körper spürst und mit liebevoller Energie auffüllst, desto kraftvoller werden deine Manifestationen. Dazu müssen wir im allerersten Schritt beginnen, unseren Körper zu fühlen. Das klingt so viel leichter, als es ist, denn wir werden auf angestaute Wut, Traurigkeit, Ohnmacht, Überforderung und Einsamkeit stoßen. All das, was an Emotionen in unserem Körper festhängt, drängt uns oft aus unserem Körper hinaus, da diese Emotionen schmerzen.

Um nicht fühlen zu müssen, beginnen wir dann die eine Zigarette zu rauchen, das Glas Wein zu trinken und auch mal die Schokolade oder Pizza zu essen. Dann flüchten wir uns in die Spiritualität, auf der Suche nach dem Fühlen der Liebe. Doch wir bleiben so lange leer, bis wir willens sind, vollkommen in unser Körperzuhause einzuziehen. Der Weg der Heilung is der Weg zurück in unseren Körpertempel mit all seiner Kraft.

Wenn wir zurück in unseren Körper kommen, spüren wir im ersten Moment den Schmerz der dort abgelegten Emotionen und dadurch das Verlangen, schnell wieder aus dem Körper herauszugehen und nicht zu fühlen. Dies führt jedoch nirgendwo hin, weil wir dann wieder nur im Kopf leben. Der Kopf allein hat keine Kraft für die Manifestation unserer Herzenswünsche; dazu brauchen wir das Herz. Der Kopf allein hat auch keine Kraft für die Manifestation einer liebevollen Partnerschaft; dazu brauchen wir die Kraft unseres Schoßraumes.

Soul-Embodiment, also das Wiedereinziehen der Seele in den Körper, ist ein wundervoller Weg der Heilung und gleichzeitig ein Turbo für deine Manifestationen. Denn nur wenn wir unsere Gefühle bewusst für die Realisierung unserer Manifestationen nutzen, können diese wahr werden. Wir müssen Liebe, Dankbarkeit, Freude, Leichtigkeit und Einheit in uns spüren, um kraftvoll manifestieren zu können.

Nichts manifestiert schneller, als wenn jede Zelle deines Körpers Dankbarkeit und Liebe empfindet. Wenn du Freude tatsächlich nicht nur in deinem Kopf, sondern auch in deinem Herzen, deinen Armen und deinem Bauchnabel fühlen kannst, weil dein ganzer Körper vor Begeisterung kribbelt, dann werden deine Träume sehr viel leichter wahr. Im Fühlen liegt das große Geheimnis.

Fühlen ist der Schlüssel zum Manifestieren. Aus genau diesem Grund ist es auch so wichtig, deine drei Manifestations-Power-Zentren zu reinigen, zu öffnen und deine Lebensenergie ganz bewusst durch sie hindurchfließen zu lassen. Mit Soul-Embodiment holst du die Kraft deiner Seele zurück in deinen Körper. Damit wird deine Manifestationskraft stärker.

Auf meiner Website findest du Onlinekurse, in denen du im Detail lernen kannst, wie du deine Seele mithilfe von Body-Keys in deinen Körper zurückholst. Du kannst zum Beispiel den 7-Day-Healing-Journey machen oder direkt den Body-Keys-Intensive-Onlinekurs.

Hier zeige ich dir drei leicht umsetzbar Body-Keys, die dir helfen, dich mit deinem Körper zu verbinden, deine Emotionen wahrzunehmen, dein Körperempfinden zu beobachten und Raum für dich, deine Seele und deine wahre Kraft zu schaffen.

Je mehr du deine Seele in den Körper holst und dich traust, das Leben zu fühlen, statt es nur im Kopf zu analysieren, desto schneller werden deine Wünsche wahr. Denn je mehr du wieder in deinen Körper einziehst, desto mehr bist du wieder du selbst: Eine unendlich kraftvolle Seele, die ihr Zuhause, deinen Körpertempel, wieder bewohnt.

Body-Key 1: Dein Body-Scan

Dieser Body-Key bildet die Basis, denn er hilft dir, dich ganz bewusst mit deinem Körper zu verbinden.

Der Body-Scan ist genau das, wonach er klingt, und zwar das Scannen deines Körpers. Wir haben antrainiert bekommen, im Kopf zu leben. Das Denken, Analysieren und Planen wird in unserer Gesellschaft überbewertet, wohingegen das Fühlen, mit dem Leben fließen und intuitiv Handeln abgewertet wird. Dabei ist unsere Intuition, der Dialog mit unserem Körper, die Verbindung zu unserer Seele und das Leben unseres Seelenplans unsere wahre Kraft. Nichts davon ist möglich, wenn wir ausschließlich im Kopf leben. Wir vertun so viele Chancen und sabotieren unsere schönsten Manifestationen, denn damit diese wahr werden, muss unser Körper frei von Blockaden sein. Damit wir diese Blockaden lösen können, müssen wir unseren Körper spüren. Deine Körperverbindung ist einer der Schlüssel zum kraftvollen Manifestieren.

Wenn du beginnst deinem Körper zu lauschen und bewusst zuhörst, was er dir zu sagen hat, dann kommst du zurück in deine wahre Kraft, denn die sitzt nicht im Kopf. Unsere Kraft beginnt im Schoßraum und um diese zu aktivieren, müssen wir unseren Schoßraum spüren.

Wie geht der Body-Scan?

Nimm dir mindestens zwanzig Minuten Zeit. Mach es dir in einem Sessel oder auf einem Stuhl bequem. Atme ein paar Mal ganz bewusst durch und komm im Hier und Jetzt an. Dann sende deine Aufmerksamkeit nach innen in deinen Körper. Nimm wahr, welche Signale dein Körper dir sendet. Was fühlst du? Welches Körperteil meldet sich?

Wo wird deine Aufmerksamkeit zuerst hingelenkt? Vertraue diesem Impuls. Er ist der Beginn deiner Kommunikation mit deinem Körper. Bleibe mit deiner Aufmerksamkeit bei dem Körperbereich, der dich gerufen hat. Nimm einfach nur wahr, was ist. Ohne die Intention, irgendetwas verändern zu wollen oder zu müssen. In dieser Übung geht es ausschließlich um die Verbindung mit dir selbst. Du wohnst in deinem Körper und deine Seele spricht über diesen Weg mit dir. Wenn wir beginnen, ganz bewusst zuzuhören, kommen wir in eine sehr viel tiefere Verbindung zu uns selbst und unserem wahren Kern: unserer Seele. Wandere anschließend ganz bewusst durch deinen ganzen Körper. Vielleicht möchtest du im Kopf anfangen und deine Ohren, deine Augen, deinen Hinterkopf oder deine Wangen ganz bewusst wahrnehmen. Wie fühlen sie sich an? Nimm dir für jeden Körperbereich genügend Zeit.

Ist dieser Bereich entspannt oder angespannt? Fühlt sich diese Stelle oder dieses Organ warm oder kalt an? Eng oder weit? Welche Energie nimmst du dort wahr? Bewegung, Ruhe oder Stau? Nimm dir die Zeit zum Erkunden. Es geht nicht um Label, sondern das Erspüren der Unterschiede. Du wirst entdecken, dass du Körperbereiche hast, die total entspannt sind, zum Beispiel deine Ohrläppchen, während andere Körperteile total im Stress sind, zum Beispiel dein Bauch oder dein Nacken. Entspannung und Anspannung existieren gleichzeitig in unserem Körper. Stress und Ruhe. Enge und Weite. All das kann gleichzeitig in unserem Körper existieren und das ist ok.

Beobachte auch deine Reaktionen. Wie fühlt es sich an, einen verspannten, gestressten, engen, kalten oder schmerzenden Körperbereich wahrzunehmen? Kannst du diese Energie halten? Kannst du mit Liebe präsent sein? Kannst du es akzeptieren, ohne es gleich ändern zu wollen? Bevor wir etwas ändern können, müssen wir unseren Status quo immer erst akzeptieren, egal, wie unangenehm er sein mag.

Die Kraft dieses Body-Scans ist groß und gleichzeitig subtil. Vielleicht machst du den Body-Scan fünf- oder zwanzigmal und nichts passiert und das muss es auch nicht. Es gibt hier kein erwünschtes Ergebnis. Die Wirkung dieses Body-Keys ist sehr subtil, denn sie bringt dich ins Fühlen, Wahrnehmen und in den Moment, ganz ohne zu bewerten. Damit gibst du dir selbst Raum. Damit deine Seele deine Manifestationen durch deinen Körper wahr machen kann, braucht sie Raum. Du wirst mit der Zeit liebevoller mit dir selbst umgehen und achtsamer und großzügiger dir selbst gegenüber sein. Das erleichtert jede Heilung und stärkt die Liebe zu dir. Es hilft dir, dein Herz für dich zu öffnen und das ist essenziell für kraftvolle Manifestationen.

Mache diesen Body-Key für eine ganze Weile täglich, auch wenn du nur fünf Minuten Zeit dafür hast. Es braucht Regelmäßigkeit, um die Dinge in Bewegung zu bringen. So lernst du dich kennen, dein Körper wird von dir wahrgenommen und nach und nach wird deine Beziehung zu dir selbst besser, denn alles beginnt mit bewusster Präsenz.

Notizen

Body-Key 2: Dein Herz-Scan

Vielleicht bist du beim Body-Scan bereits bei deinem Herzen gewesen, vielleicht aber auch nicht. Da dein Herz einer der wichtigsten Orte für deine Manifestationskraft ist, lade ich dich ein, hier ein besonderes Augenmerk hinzulegen. Daher empfehle ich dir den Herz-Scan, die bewusste Wahrnehmung deines Herzens. Dieser Body-Key geht im Grunde fast genauso wie der komplette Body-Scan, nur dass deine volle Aufmerksamkeit nun ausschließlich deinem Herzen gilt.

Lege dich hin oder mach es dir auf dem Sofa bequem. Atme ein paar Mal bewusst durch und dann erlaube dir, dich mit deinem Herzen zu verbinden. Nimm seine Energie wahr. Ist die Energie warm oder kalt? Ruhig und entspannt oder angespannt und gestresst? Fühlt sich die Energie weit und fließend an oder eng und stockend?

Kannst du dein Herz spüren? Das ist gar nicht so selbstverständlich. Wenn wir viel im Kopf leben, dann spüren wir unser Herz oft nicht. Dieser Body-Key ist insbesondere wichtig, wenn du nichts oder nur wenig deiner Herz-Energie wahrnimmst. Denn je mehr du deine Herzenergie wahrnehmen kannst und ihr durch deine bewusste Präsenz Raum gibst, desto sicherer und größer wird sie. Ja, dein Herz kann sich sicher oder unsicher fühlen. Das hängt davon ab, wie viele tiefe Verletzungen es erlebt hat. Je sicherer sich dein Herz fühlt, desto kraftvoller werden deine Manifestationen, denn hier verbindet sich deine Manifestationskraft mit der Außenwelt oder sie wird durch deine Herzmauern aufgehalten. Nimm dir also Zeit für deine wichtigste Körperverbindung: Dein Herz als Portal der unendlichen und bedingungslosen Liebe.

Diesen Body Key kannst du täglich machen, es dauert nicht lange. Fünf bis zehn Minuten tägliche Präsenz machen einen großen Unterschied, denn sie verbinden dich mehr und mehr mit der Kraft der Liebe. Dies bringt dir Heilung, Ruhe und Sanftmut. Denn du wirst mehr und mehr die Schönheit deines Herzens und deiner Herzenergie spüren.

Dieser Body-Key erscheint dir beim Lesen vielleicht simpel oder unspektakulär. Wir suchen oft nach der besonderen Lösung. Doch ich sehe es immer wieder in der Einzelarbeit mit Kundinnen, wie kraftvoll dieser kleine Body-Key ist: Wenn ich sie bitte, für ein paar Sekunden in ihr Herz zu spüren, fließen meist direkt die Tränen. Es ist ein Ort, an dem wir so viel Schmerz und Trauer gespeichert haben. Nicht geweinte Tränen, Verluste oder Überforderung mit erlebtem Leid.

Geh hier bitte behutsam vor, nimm dir Zeit. Nicht, um direkt zwanzig Minuten in diesen Body-Key zu gehen, sondern für die Vorbereitung: mach Qigong, tanze etwas oder geh in die Natur. Dieser Body-Key kann auch wunderschön draußen in der Natur gemacht werden, zum Beispiel angelehnt an einen Baum.

Auch wenn der Body-Key intensiv ist und du wahrscheinlich viel weinen wirst, bedeutet das nicht, dass es reicht, ihn dreimal zu machen. Unser Herz hat manchmal sehr viele Tränen abzugeben. Dieser Body-Key wird von meinen Kunden meist für mehrere Wochen täglich gemacht. Da du ihn mit großer Wahrscheinlichkeit ohne unterstützende Heil-Sessions von mir machen wirst, ist es wichtig, dir selbst Geduld und Zeit zu schenken.

Erlaube dir, den Raum zu nehmen und auch die Zeit, die deine Heilung benötigt. Ich wünsche dir genauso wie du dir wünschst, dass deine alten Wunden schnell heilen. Doch unser Herz braucht Sanftheit, Geduld und Präsenz. Übertreibe es nicht und sei mit Liebe für dich da.

Body-Key 3: Kapazität für das Empfinden und Freude aufbauen

Ein Body-Key für Freude. Das mag etwas seltsam klingen, aber es ist der Türöffner für schnelleres Manifestieren. Manifestationen benötigen tägliche Freude, das hast du schon gelernt. Doch Freude muss auch ausgehalten werden können, und zwar von unserem Körper.

Unser Unterbewusstsein erträgt Freude oft nicht, denn es ist ein intensives Gefühl. Für alle intensiven Gefühle braucht unser Nervensystem Kapazität. Genauer gesagt, die Fähigkeit, intensive Gefühle auszuhalten, ohne herunterzufahren, nur im Kopf zu sein oder einen Streit vom Zaun zu brechen.

Wir laufen oft unterbewusst vor den tiefen Gefühlen der Liebe und Freude weg, weil sie uns überfordern. Besonders dann, wenn wir traumatische Ereignisse in unserer Vergangenheit erlebt haben.

Wenn du zum Beispiel bei Eltern groß wurdest, die dich bestraft haben, immer gestritten haben, Suchtprobleme hatten, depressiv, narzisstisch oder sehr krank waren, dann fällt das Fühlen von Freude schwer und muss wieder gelernt werden.

Wenn du Missbrauch erlebt hast, ist Freude nicht so einfach und sie überfordert. Auch hier dürfen wir sie wieder lernen, um sie vollkommen erleben zu können. Etwas Wunderschönes liegt also vor dir.

Freude ist für den Körper genauso anstrengend wie Stress, Angst oder Panik. Unser Nervensystem kann daher damit nicht gut umgehen.

- Vielleicht arbeitest du ständig oder zu viel?
- Lebst im Kopf?
- Hast nie Freizeit?
- Es fällt dir schwer, zu entspannen?

Dann gehst du Freude aus dem Weg. Es ist die Angst des Unterbewusstseins zu entspannen und fröhliche Momente zu erleben, denn dazu braucht es viel körperliche Kapazität, und genau diese fehlt uns oft.

Du merkst das daran, dass wenn du mal entspannst, oft Traurigkeit, Einsamkeit oder Gefühle der Überwältigung, der Leere oder des Unwohlseins hochkommen. Das Unterbewusstsein versucht, diesen intensiven Emotionen aus dem Weg zu gehen.

Freude aktiviert das System. Rasant und stark. Wenn wir nicht gelernt haben, starke Gefühle auszuleben und zu balancieren, wird das Unterbewusstsein dieses Gefühl immer meiden, wenn es ihm möglich ist und gefährlich erscheint. Deshalb leben viele Menschen ohne tiefe Freude zu empfinden und suchen diese in der Spiritualität, in Partnerschaften oder in Hobbys, doch finden sie oft nicht oder nur temporär, bis das Unterbewusstsein wieder dichtmacht.

Denn was zuerst da sein muss, ist die Kapazität. Die Fähigkeit, mit diesen intensiven Gefühlen umgehen zu können. Viele haben diese Kapazität aufgrund von Kindheitsverletzungen und Ängsten nicht.

Dieser Body-Key für Freude hilft dir, dich Schritt für Schritt für mehr Freude öffnen zu können. Er ist essenziell für ein glückliches und erfülltes Leben. Der Body-Key für Freude ist aus dem Onlinekurs „7-Day-Healing-Journey". Dort zeige ich dir, wie du Traurigkeit, Wut und Angst aus dem Körper löst und so emotionale Verletzungen heilst und damit deine Manifestationskraft stärkst.

So geht der Body-Key für Freude:

Erinnere dich an eine Situation, in der du echte und große Freude empfunden hast. Geh zurück in die Situation. Nimm wahr, wer da ist, was du tust und wie es sich anfühlt. Wähle einen konkreten Moment in dieser Situation aus. Spüre die Freude in dir und nimm sie ganz bewusst in deinem Körper wahr.

Und dann lass die Situation los und tauche komplett in die Reaktionen deines Körpers ein. Spüre die Freude also weiter und beobachte sie, bezeuge sie, nimm wahr wie sie sich in deinem Körper anfühlt und wo du sie fühlst.

Fokussiere dich ganz bewusst auf deinen Körper und seine Reaktion auf die Erinnerung.

- Was tut dein Körper?
- Wie fühlt er sich an?
- Was bewegt oder verändert sich?

Spüre hier für zwanzig bis dreißig Sekunden in dich hinein.
Mehr nicht. Beginne auch hier langsam.

Unser Körper reagiert auf Freude oft durch ein Öffnen des Herzraumes. Der Brustbereich fühlt sich sanfter an, dein Mund lächelt vielleicht, deine Gesichtszüge werden weicher, deine Augenpartie und Schultern entspannen sich, dein Bauch fühlt sich vielleicht weit, entspannt, warm und ruhig an und dein Atmen wird wahrscheinlich langsamer und tiefer.

Dieser Body-Key für Freude ist sehr nährend. Ab heute kannst du ihn nutzen, um Kapazität für Freude aufzubauen, damit du immer mehr und auch immer länger Freude empfinden kannst. Warum ist das wichtig? Je mehr Kapazität du für Freude aufbaust, desto mehr Freude erlebst du und desto mehr Freude wirst du manifestieren. Das bedeutet letztlich, dass du damit deine Herzenswünsche leichter manifestieren kannst.

Es ist im Grunde ein idealer Weg, um Glück zu manifestieren, denn dein Körper lernt Glück auszuhalten und so kommt automatisch mehr davon in dein Leben. Geh jeden Tag zwei- bis dreimal hin und fühle für zwanzig bis dreißig Sekunden deine Körperreaktionen auf freudvolle Erinnerungen.

Noch einmal in aller Kürze: Erinnere dich an eine Situation voller Freude. Nimm die Reaktionen, die dein Körper hat, wahr. Beobachte sie. Vergiss die Situation und tauche ganz in diese Körperreaktionen ein. So trainierst du dein Nervensystem mit mehr Freude umgehen zu können. Und damit können mehr Freude, Liebe und Heilung in dein Leben kommen.

Mit diesen drei Body-Keys kannst du nun täglich deinen Körper von alten Verletzungen befreien, mehr Kapazität für Freude schaffen und mit deiner Seele mehr in deinen Körper einziehen. Denn Heilung beginnt mit Bewusstsein, dem Bewusstsein für dich, deine Gefühle und deinen Körper. Die Body-Keys sind die körperliche Komponente der Heilung. Sie ergänzen alle Übungen und Zeremonien, die wir uns in diesem Buch angeschaut haben.

Wie geht es weiter?

Nun ist es an dir: Schnüre dir dein tägliches Paket an Heilung und Manifestation. Erlaube dir, noch mehr Liebe in dein Leben zu lassen. Lebe die Quick-Fixes bewusst in deinem Alltag und erhöhe so auf freudvolle Art und Weise deine Energie.

Du hast jetzt die Basis für kraftvolle Manifestationen kennengelernt und einen Weg, um künftig leichter manifestieren zu können. Ich empfehle dir, intensiv mit den Meditationen zu arbeiten, die ich für das Lösen deiner Manifestationsblockaden erstellt habe. Deine Manifestationsblockaden verschwinden nicht über Nacht, aber durch Kontinuität in der Heilung deiner Blockaden und das Integrieren der Quick-Fixes in deinen Alltag veränderst du deine Energie nachhaltig und stärkst damit deine Manifestationskraft. Erlaube dir zu träumen und dich um deine Herzenswünsche zu kümmern.

Hier ist noch einmal der Link zum Download aller Meditationen, die Bestandteil dieses Buches sind.

Deine Manifestations-Checkliste

Drucke dir das PDF mit den Manifestations-Tipps aus und erinnere dich so ganz nebenbei immer wieder an die kleinen Dinge, die du tun kannst, um deine Manifestationen schneller in die Realität zu holen.

Hier kannst du dir kostenfrei meine Manifestations-Checkliste zum leichteren Manifestieren als PDF downloaden.

Der Crashkurs zum Manifestieren

Manchmal ist es schön, zusätzlich in Video-Form in die Thematik einzutauchen. Der 5-stündige Crashkurs zum Manifestieren erinnert dich an die Kraft deiner Gedanken und Gefühle. Damit du sie weise nutzt und dir Liebe und Fülle manifestierst.

Deine Manifestationen sind ein Spiegel deiner Energie. Wir müssen verstehen, dass Manifestieren eine natürliche Funktion von uns ist, wie Atmen, Harndrang, Essen, Trinken und Schlafen. Es ist normal. Wir können es nicht abstellen. Doch wir müssen es steuern. Manifestieren ist ein Daseinszustand. Deine Manifestationen spiegeln dich. Du manifestierst nur so gut, wie du in der Kontrolle über deine Launen bist.

Wir können nie nicht manifestieren. Es gibt aber den Unterschied, dass du entweder Dinge und Situationen, die gut für dich sind, oder Umstände, die dich sabotieren, manifestierst. Die Frage ist also, ob du momentan für oder gegen dich selbst manifestierst.

Deine Manifestationen spiegeln deine Limits, deine Gedanken und deine Gefühle. Sie spiegeln dich mit allem, was dein Ego ausmacht. Deine Ängste, Sorgen und Zweifel.

Wie geht es dir? Bist du glücklich? Den ganzen Tag lang? Was tust du, wenn du mal schlechte Laune hast? Wenn du nicht fröhlich bist, dann manifestierst du Negatives wie Chaos und Dinge, die du nicht magst.

Hier erfährst du mehr.

Dieser Crashkurs ist eine Erinnerung an die Grundlagen des Manifestierens. Er erinnert dich an deine wahre Kraft und hilft dir, gute Power-Energie in deine Manifestationen zu geben.

Das Intensivtraining zum Manifestieren mit Mama Erde

Richtig Manifestieren bedeutet, die Manifestationsgesetze zu verstehen und mit ihnen zu leben. Du manifestierst jeden Tag, jede Stunde, jede Minute und jede Sekunde. Das bedeutet, dass du nicht lernen musst zu manifestieren. Du kannst lediglich lernen, gezielt und positiv zu manifestieren.

Du manifestierst durch eine Kombination aus Gedanken, Gefühlen und Verhalten. Es geht also auf einem höheren Level um deine Energie und deine Frequenz. Das, was du energetisch ausstrahlst, denn alles basiert auf Resonanz.

Hier erfährst du mehr.

Das bedeutet, wenn du etwas noch nicht hast, dann bist du noch nicht in der richtigen Frequenz, um es zu bekommen. Sprich, es geht darum, zu dem zu werden, was du haben willst.

Möchtest du deinen Seelenpartner manifestieren?

Was wäre, wenn du dieses Jahr endlich deinen Seelenpartner findest? Deinen Seelenpartner an deiner Seite zu haben, ist etwas Wunderschönes. Immer wieder mit dem Falschen zu landen, kann sehr frustrierend und energieraubend sein.

Wenn du noch nicht in einer erfüllenden Seelenbeziehung bist, dann hast du Ängste, die dir bisher noch verborgen sind. Genau diese Ängste sind zu heilen. Solange du innere Blockaden gegen Liebe hast, wird dein echter Seelenpartner nicht auftauchen können.

Auf deiner Wunschliste zum Seelenpartner stehen bestimmt viele Eigenschaften, Tugenden und möglicherweise auch Lebensumstände. Das ist okay.

Doch handelt es sich beim Seelenpartner anziehen nicht um Shopping, sondern um Resonanz. Um zu bekommen, was du möchtest, musst du passend für diesen wunderbaren Seelenpartner sein.

Das bedeutet, dass du dich selbst lieben, dir selbst vergeben haben, deine eigene Schönheit sehen, dein Trauma aus der Kindheit idealerweise überwunden haben solltest.

Kennst du deine Liebesmuster? Nur wenn wir unsere Liebes- und Beziehungsmuster kennen, sind wir vorbereitet, können diese Blockaden aufräumen und eine schöne und glückliche Beziehung manifestieren.

Die Blockaden in Bezug auf Liebe und Partnerschaft sind vielfältig. Es gilt genau hinzusehen, wo und warum du dich blockierst, denn nur wenn du deine Muster und Blockaden erkennst, kannst du eine glückliche Seelenpartnerschaft einladen.

Dabei hilft dir der Seelenpartner-Onlinekurs.

Du findest ihn hier.

Meditationen zum Manifestieren

Auf meiner Website findest du viele weitere Meditationen zum Manifestieren, Heilen und Leben deiner Seelenkraft. Jede Meditation kommt mit einer ganz persönlichen Seelenbotschaft für dich.

Hier erfährst du mehr.

Kati Gehres

Europas #1 Seelenflüsterin

Meine Mission auf Erden ist es, Frauen in ihre Kraft zu bringen. Durch das Stärken der Seelenkraft, das Heilen von Seelenverletzungen und die Verbindung mit der Schöpfungskraft.

Als spirituelle Lehrerin und Seelenheilerin habe ich Tausende Menschen in der Energiearbeit und dem Manifestieren ausgebildet. Wenn wir unsere Schöpferkraft leben, sind wir vollkommen und kraftvoll.

Ich bin hellsichtig, hellwissend und hellfühlend und kann mithilfe der Seele tiefsitzende energetische Blockaden erkennen und heilen. Diese Gaben sind ein wichtiger Teil meiner Arbeit.

In meinem Leben bin ich zweimal durch die Hölle gegangen. Das erste Mal mit vier Jahren, als ich wiederholt missbraucht wurde. Das Leid endete erst, als ich versuchte, mir mit fünf Jahren die Pulsadern aufzuschneiden.

Das zweite Mal mit 38 Jahren, als diese lang verdrängten Erinnerungen hochkamen und ich sie durch tiefe Seelenarbeit, das Entfernen der Entitäten aus dem Körper und wahrhaftiges Soul-Embodiment geheilt habe.

Mein Weg als Heilerin ist von der Anbindung an das Urwissen und die Kraft der Seele geprägt. Im Soul-Embodiment liegt der Schlüssel der Heilung. Ich kann mit deiner Seele reden, deine nicht geheilten Verletzungen sehen und sie heilen. Es ist meine Gabe, mit den Seelen anderer kommunizieren zu können.

Bis heute habe ich Tausenden Menschen gezeigt, wie sie sich mit ihrer Schöpferkraft verbinden, leichter manifestieren und Fülle auf allen Ebenen schaffen.

Als ich vor vielen Jahren meine Heilpraxis in Zürich eröffnete, war ich innerhalb von wenigen Wochen ausgebucht. Ich habe über 4.879 Menschen in persönlichen Sessions geholfen, ihre tiefsten Muster und Blockaden zu überwinden, altes Trauma loszulassen und ihre Wünsche zu manifestieren.

**Möchtest du tiefer in deine Heilung eintauchen?
Schau dir das Mentoring an.**

Hier arbeiten wir eins zu eins an deinen Blockaden, du bekommst Führung von deiner Seele und wir erschaffen gemeinsam eine tiefe Transformation für das Leben deiner Seelenkraft.

Du hast konkrete Fragen an deine Seele?
Dann schau dir die Seelen-Readings an.

***Lebe deine Seelenkraft und
lass deine Manifestationskraft fließen!***

Deine Kati

Hier erfährst
du mehr.

IMPRESSUM

Katja Gehres wird vertreten durch:
Verlagshaus Stopfer

Daniel Stopfer
Gutleutstraße 57
60329 Frankfurt am Main

Lektorat und Korrektorat: Verlagshaus Stopfer
Covergestaltung: Nina Heiden
Layout: Nina Heiden

ISBN Taschenbuch: 978-3-910258-49-5
ISBN Hardcover: 978-3-910258-50-1
ISBN eBook: 978-3-910258-51-8

www.verlagshaus-stopfer.de

?!...

Solltest du Fragen, Kritik oder Anregungen haben, freuen wir uns jederzeit über deine Nachricht!

Schreibe hierzu einfach eine Mail an:

info@verlagshaus-stopfer.de

HAFTUNGSAUSSCHLUSS

Dieses Buch enthält Meinungen und Ideen des Autors und hat die Absicht, Menschen hilfreiches und informatives Wissen zu vermitteln. Die enthaltenen Hinweise und Methoden passen möglicherweise nicht zu jedem Leser, und es gibt keine Garantie dafür, dass sie auch wirklich bei jedem funktionieren.

Die Benutzung dieses Buches und die Umsetzung der darin enthaltenden Informationen erfolgt ausdrücklich auf eigenes Risiko. Haftungsansprüche gegen den Autor oder den Verlag für Schäden materieller oder immaterieller Art, die durch die Nutzung oder Nichtnutzung der Informationen bzw. durch die Nutzung fehlerhafter und/oder unvollständiger Informationen verursacht wurden, sind ausdrücklich ausgeschlossen.

Das Werk, inklusive aller Inhalte, gewährt keine Garantie für Aktualität, Korrektheit, Vollständigkeit und Qualität der bereitgestellten Informationen. Druckfehler und Fehlinformationen können nicht vollständig ausgeschlossen werden.